DK科学运转的秘密

DK科学运转的秘密

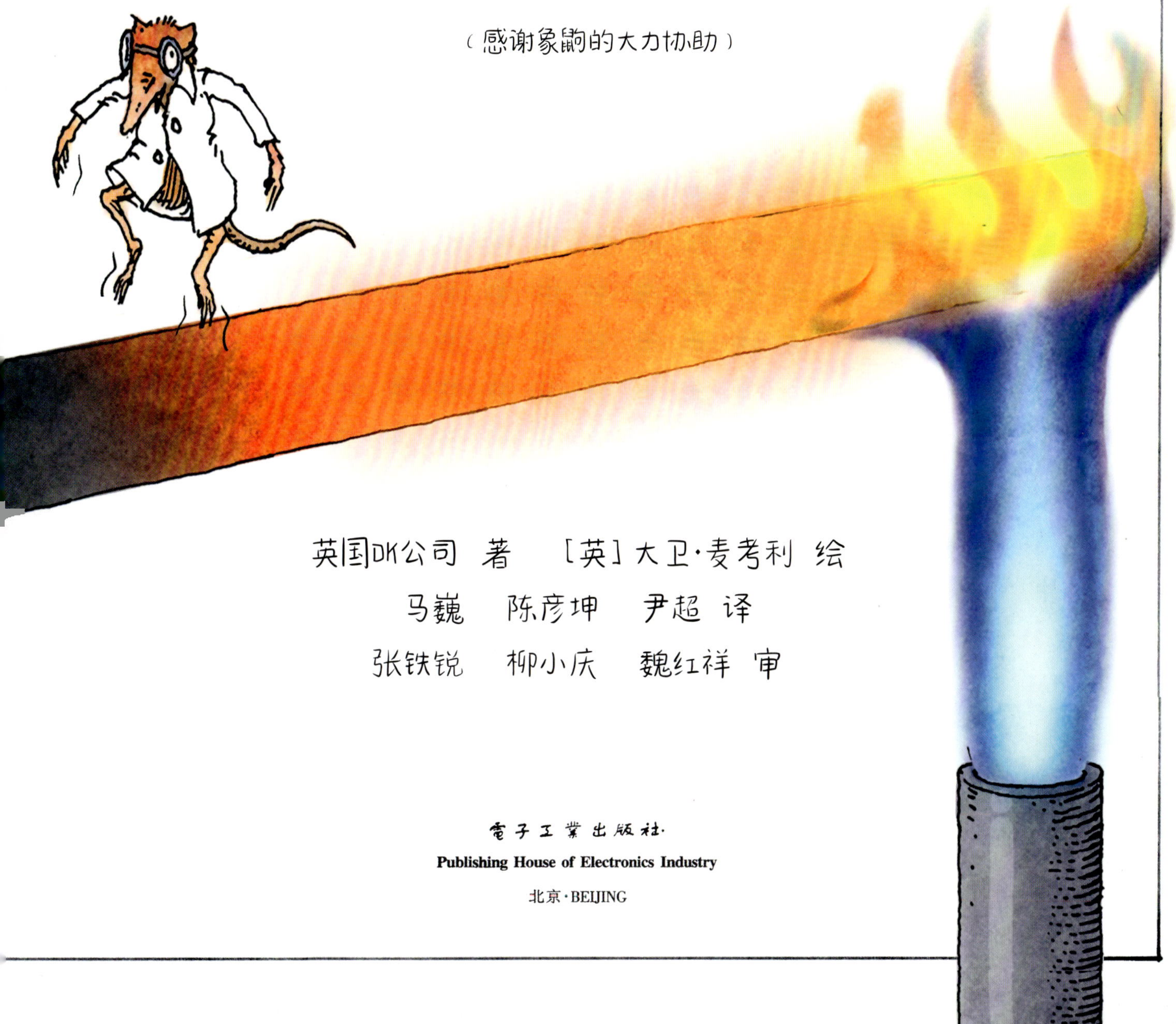

（感谢象鼩的大力协助）

英国DK公司 著　［英］大卫·麦考利 绘

马巍　陈彦坤　尹超 译

张铁锐　柳小庆　魏红祥 审

電子工業出版社

Publishing House of Electronics Industry

北京·BEIJING

DK | Penguin Random House

版权贸易合同登记号　图字：01-2020-6235

图书在版编目（CIP）数据
DK科学运转的秘密 / 英国DK公司著；（英）大卫·麦考利绘；马巍，陈彦坤，尹超译. --北京：电子工业出版社，2021.4
ISBN 978-7-121-40669-0

Ⅰ. ①D…　Ⅱ. ①英…　②大…　③马…　④陈…　⑤尹…
Ⅲ. ①科学知识－少儿读物　Ⅳ. ①Z228.1

中国版本图书馆CIP数据核字（2021）第039472号

责任编辑：苏　琪　文字编辑：杨　鸽
印　　刷：北京华联印刷有限公司
装　　订：北京华联印刷有限公司
出版发行：电子工业出版社
　　　　　北京市海淀区万寿路173信箱　邮编：100036
开　　本：889×1194　1/16　印张：10　字数：211.25千字
版　　次：2021年4月第1版
印　　次：2024年7月第8次印刷
定　　价：138.00元

凡所购买电子工业出版社图书有缺损问题，请向购买书店调换。若书店售缺，请与本社发行部联系，联系及邮购电话：（010）88254888，88258888。
质量投诉请发邮件至zlts@phei.com.cn，盗版侵权举报请发邮件至dbqq@phei.com.cn。
本书咨询联系方式：（010）88254161转1882，suq@phei.com.cn。

FSC www.fsc.org 混合产品 纸张 | 支持负责任林业 FSC® C018179

www.dk.com

目录

物质

物质的状态

从树木到计算机，甚至包括生物呼吸的空气，我们周围的一切都是物质：所有占用空间的都是物质。物质主要以3种状态存在：固态、液态和气态。从一种状态转变为另一种状态时，组成物质的微小粒子不会发生任何改变。但是，就像本页3个烧杯中猛犸所演示的那样，不同状态的物质具有截然不同的微粒行为。.

通常，我们很难看到真正的气体（呃，猛犸组成的气体或许是个例外）。

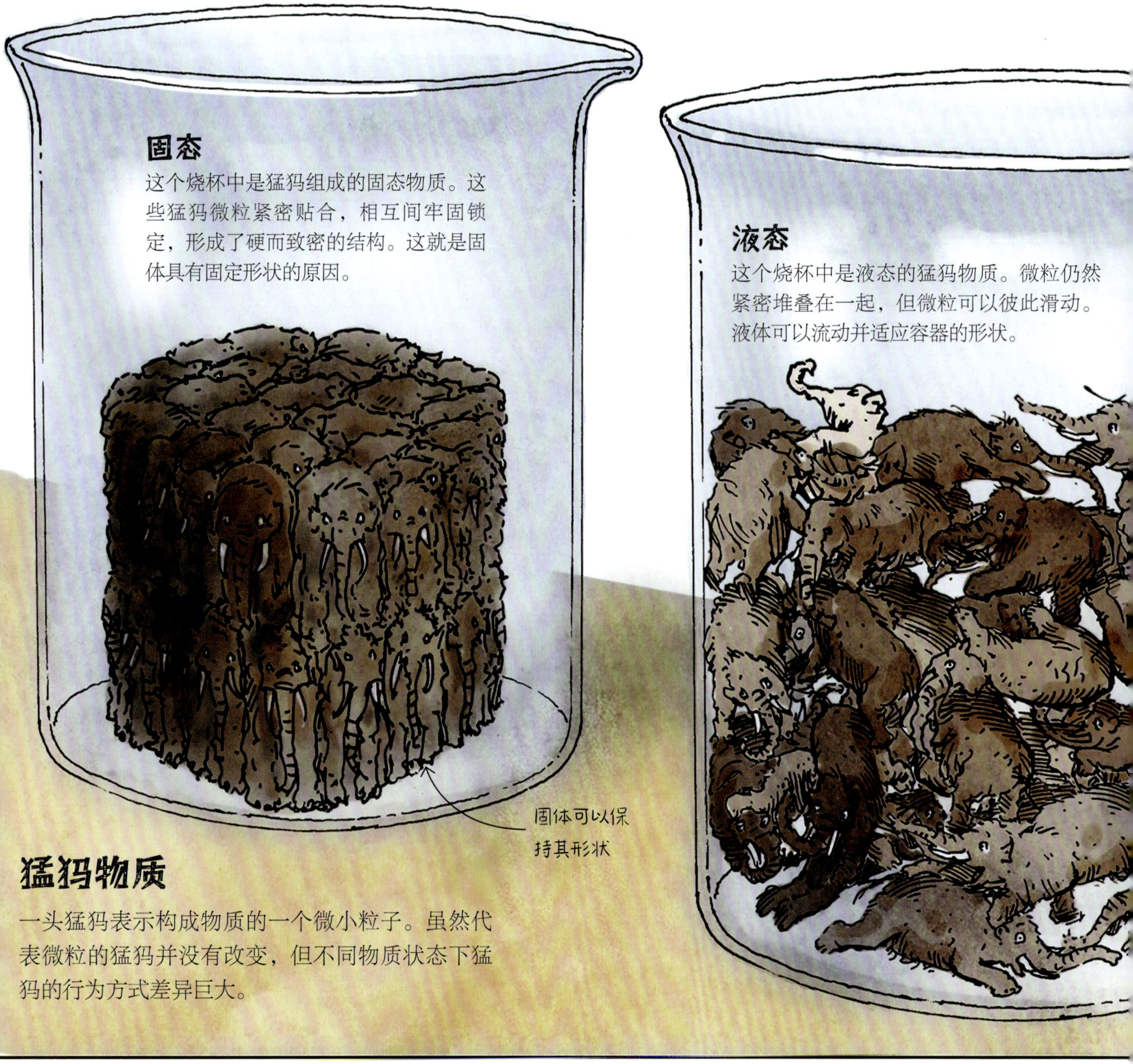

固态

这个烧杯中是猛犸组成的固态物质。这些猛犸微粒紧密贴合，相互间牢固锁定，形成了硬而致密的结构。这就是固体具有固定形状的原因。

液态

这个烧杯中是液态的猛犸物质。微粒仍然紧密堆叠在一起，但微粒可以彼此滑动。液体可以流动并适应容器的形状。

猛犸物质

一头猛犸表示构成物质的一个微小粒子。虽然代表微粒的猛犸并没有改变，但不同物质状态下猛犸的行为方式差异巨大。

气态

气态的猛犸物质没有“乖乖”留在敞开的烧杯中。微粒各自分散，自由占据了所有空间。

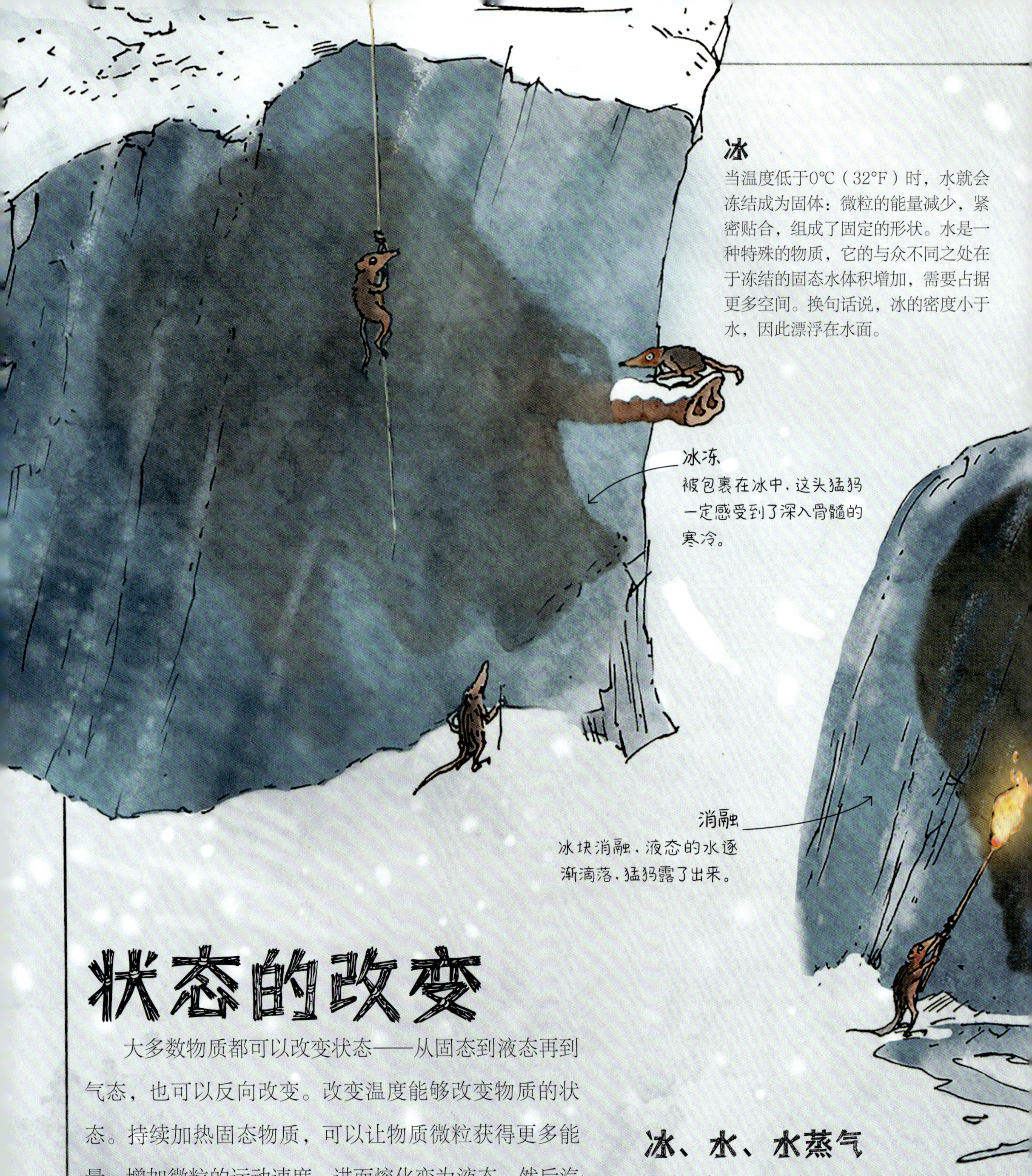

冰

当温度低于0℃（32℉）时，水就会冻结成为固体：微粒的能量减少，紧密贴合，组成了固定的形状。水是一种特殊的物质，它的与众不同之处在于冻结的固态水体积增加，需要占据更多空间。换句话说，冰的密度小于水，因此漂浮在水面。

状态的改变

大多数物质都可以改变状态——从固态到液态再到气态，也可以反向改变。改变温度能够改变物质的状态。持续加热固态物质，可以让物质微粒获得更多能量，增加微粒的运动速度，进而熔化变为液态，然后汽化变成气态；持续冷却气态物质可以让其液化成液态，然后凝固为固态。

冰、水、水蒸气

在地球上，水是自然界中唯一同时以3种状态存在的物质：固态的冰、液态的水和气态的水蒸气。对这只冰冻的猛犸来说，幸运的是，要改变水的状态并没有那么困难——只需要加热就可以了。

状态转换

水可以在不同状态之间转换：冰可以融化成水，然后蒸发变成水蒸气，而水蒸气可以凝结成水，然后冻结成冰。通常，物质的状态转换必须循序渐进（也就是说固态到气态和气态到固态的转换必须经过液态）。但是，某些情况下，物质可以跳过液态，直接从固态变成气态——这种转换称为升华。相反，从气态直接变成固态的转换称为凝华。

水

从固态向液态转换的温度称为物质的熔点。水的熔点为0℃（32° F）。加热冰到熔点以上的温度，水的微粒将获得足够的能量，然后彼此分离并变成液态。

水蒸气

继续加热，液态水获得更多能量，温度升高，微粒的运动速度加快。液态水中的部分微粒获得足够的能量，进而逸散到空气中，变成称为水蒸气或蒸汽的气体——这种转换称为蒸发。

干燥

在温暖火焰的加热下，液态水变成了水蒸气，猛犸湿漉漉的皮毛变干了。

滚烫而潮湿

水蒸气是看不见的。我们经常将水烧开时看到的白色水雾称为水蒸气。然而，这种白雾其实是由很多微小液态水珠构成的。

密度

地球上所有的物体都由物质构成，但物体包含的物质数量并不完全相同。密度是衡量单位体积（占用空间）物体质量（物质数量）的物理量。大多数固体的密度较高，因为固体的微粒紧密堆积在一起；液体和气体的密度较小，因为相同数量的液体和气体微粒通常需要占据更大的空间。

称重

3头猛犸一起去称重。尽管它们看起来外形和大小十分接近，但结果显示它们的质量各不相同，因为这些体积相近的猛犸的密度差异巨大。

花岗岩猛犸

这座雕塑使用了致密微粒构成的坚硬石材。体积相同的条件下，高密度物体更重——这头猛犸甚至把秤压坏了！

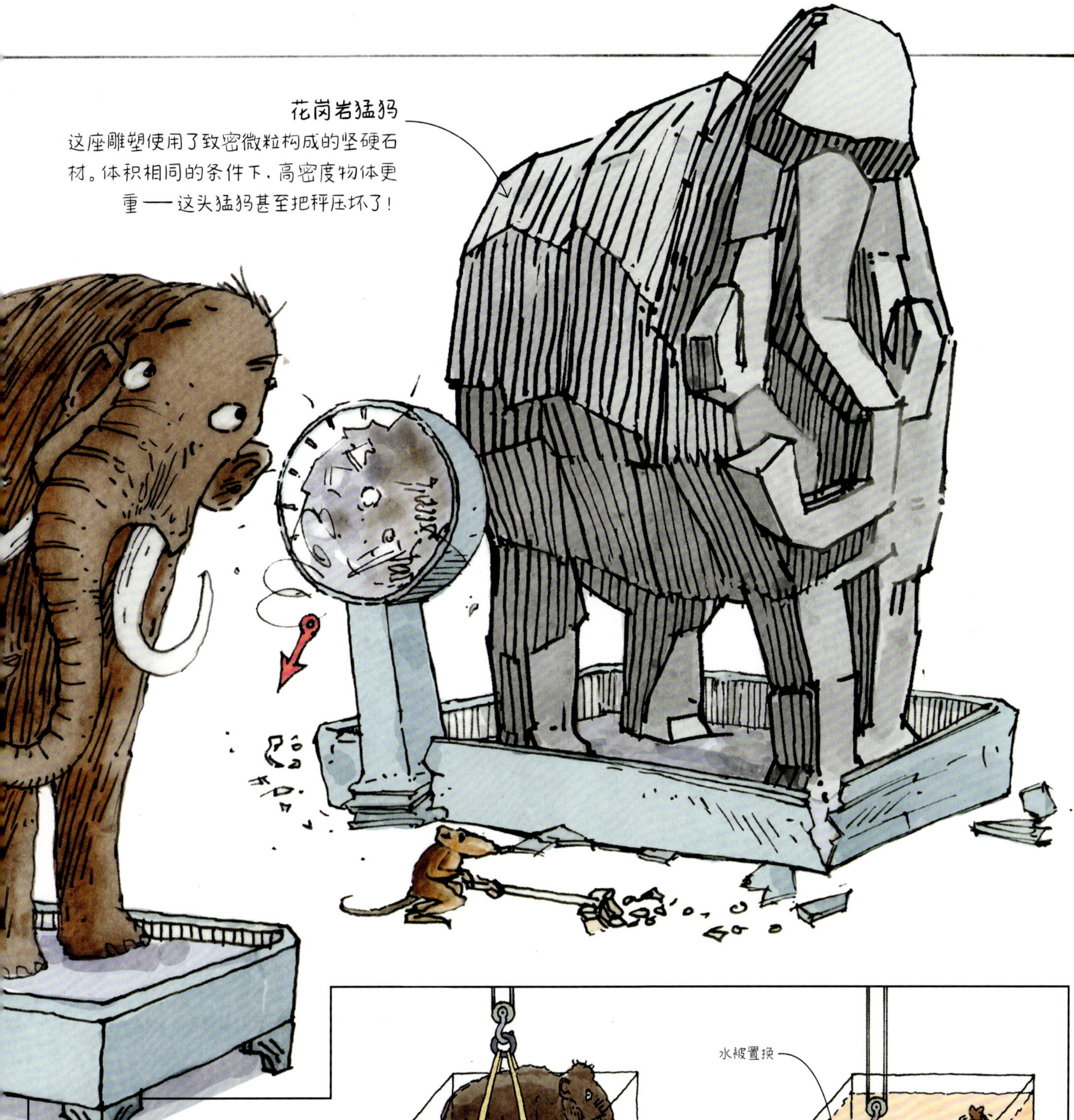

计算密度

要计算物体的密度，我们需要知道它的质量和体积。使用操作简单的体重秤就可以轻松量出猛犸的质量，但复杂的不规则形状让体积计算变得十分棘手。不过，我们可以借助置换的方法来测量不规则物体的体积。

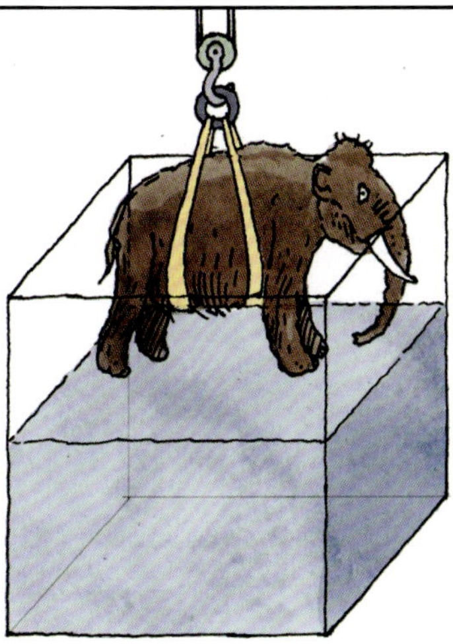

放入水箱

浸没在水中时，猛犸将置换（排开）一定量的水，以获得容纳自身的空间。

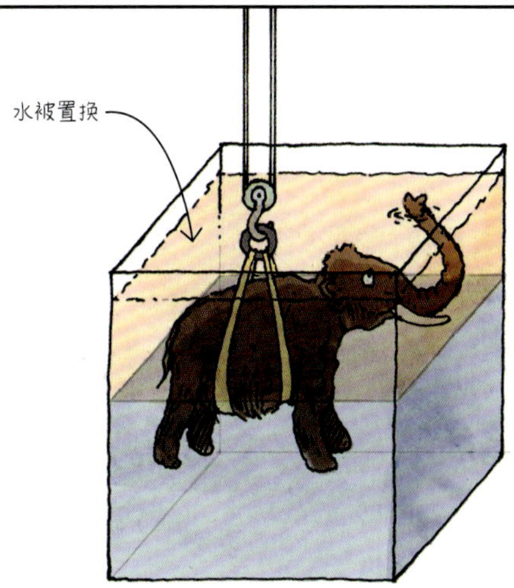

水位升高

置换出的水与猛犸的体积相同，并且更方便测量。

材料

我们周围的所有物体都由材料构成。有些材料（例如木材、金属和陶瓷）是用自然界发现的物质加工而成的，其他材料则通过化学反应获取——此类材料称为合成材料。物体通常包括许多不同种类的材料，每种材料都有自己独特且有用的属性。

玻璃圆顶

透明的玻璃窗可以遮风挡雨，又不会遮蔽视线。玻璃是沙子与其他物质一同加热后的产物。

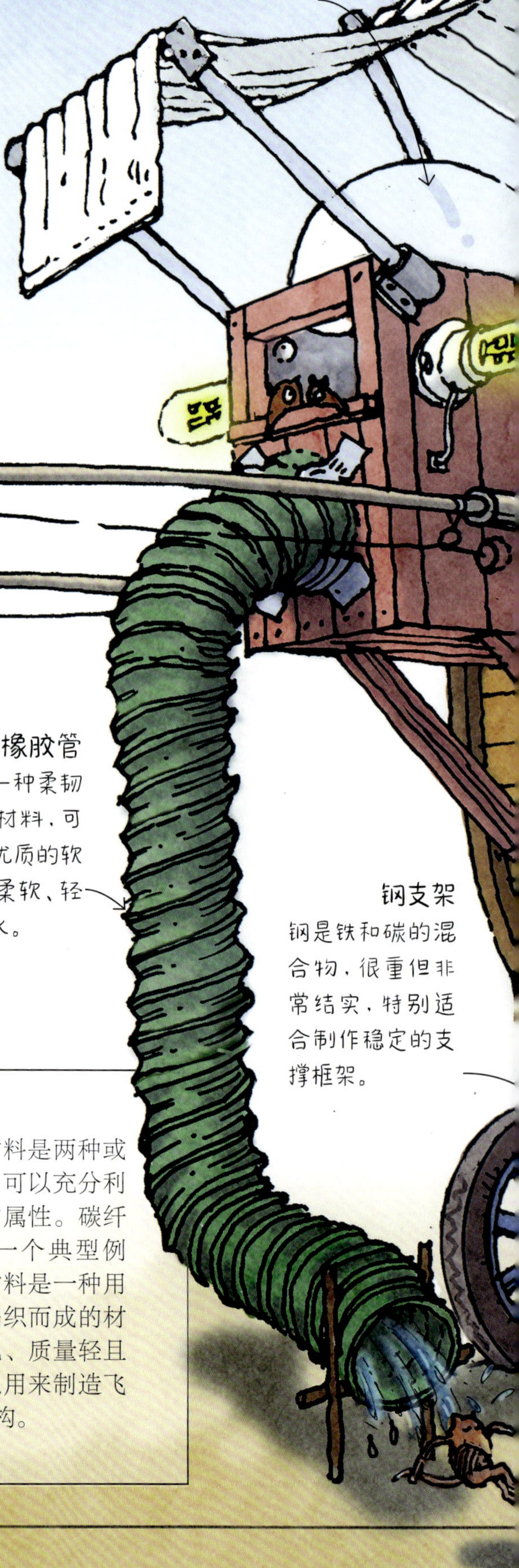

玻璃纤维钓鱼竿

玻璃纤维就是玻璃制成的纤维，将其作为填料加到塑料中，可以制成钓鱼竿等许多物品。

去钓鱼

象鼩想要开展一次规模浩大的钓鱼旅行。它们精心挑选了适合的材料，用来手工打造舒适的度假屋。每种材料都具有独特的属性，在某些方面表现出色，而在其他方面则可能完全没有用处。例如，木材坚硬结实，是制作桶形拖车车体的理想材料。然而，由于同样的属性，躺在木制床垫上的感觉非常不舒服。

橡胶管

橡胶是一种柔韧的天然材料，可以制作优质的软管——柔软、轻巧且防水。

钢支架

钢是铁和碳的混合物，很重但非常结实，特别适合制作稳定的支撑框架。

复合材料

顾名思义，复合材料是两种或更多材料的组合，可以充分利用每种成分有用的属性。碳纤维复合材料就是一个典型例子。碳纤维复合材料是一种用塑料包裹碳细线编织而成的材料，具有强度出色、质量轻且耐热的属性，可以用来制造飞机和赛车的主体结构。

织物遮阳篷
轻巧柔软的织物可以遮挡阳光，但不会完全隔绝光线。
铝制框架
铝是一种易于成型的轻质金属，适合制作轻型框架。有时，铝可以与其他金属混合，以获得更高的强度。
塑料板
这种塑料板可以制成耐用且防水的轻质外壳。塑料也属于合成材料，可以利用模具制成不同的形状。
木桶
木材是一种天然材料，硬且坚韧，易于获得，是常见的建筑材料。
绳索
绳索由天然或合成纤维缠绕而成，具有出色的强度，可以承受巨大的拉力而不会断裂。
硫化轮胎
柔软的橡胶硫化（用化学品处理）后可以变硬。

分离混合物

混合物是两种或两种以上物质的混合。混合物可以是液态、固态、气态或多种状态的组合。我们呼吸的空气是多种气体的混合物，而沙滩的沙子也是多种固体的混合物。混合物的关键属性在于各种组成物质之间不会发生化学反应——物质微粒不会通过化学键相互结合。如果知道方法，我们可以方便地分离混合物。

混合物的类型

盐水是一种溶液，即一种物质（盐）溶于另一种物质（水）后形成的混合物。盐与水混合均匀后，不会留下肉眼可见的颗粒：盐似乎在水中消失了。具有可见颗粒的混合物（例如泥沙水）称为悬浮液。看起来混合均匀但实际包含微小颗粒的混合物称为胶体。

溶液

光束可以直接穿过盐水溶液，因为溶液中没有反射光束的颗粒。

胶体

牛奶含有微小的脂肪滴，可以捕捉光线，因此，如果用手电筒照射装满牛奶的玻璃杯，我们可以清晰看到光穿过牛奶的路径。

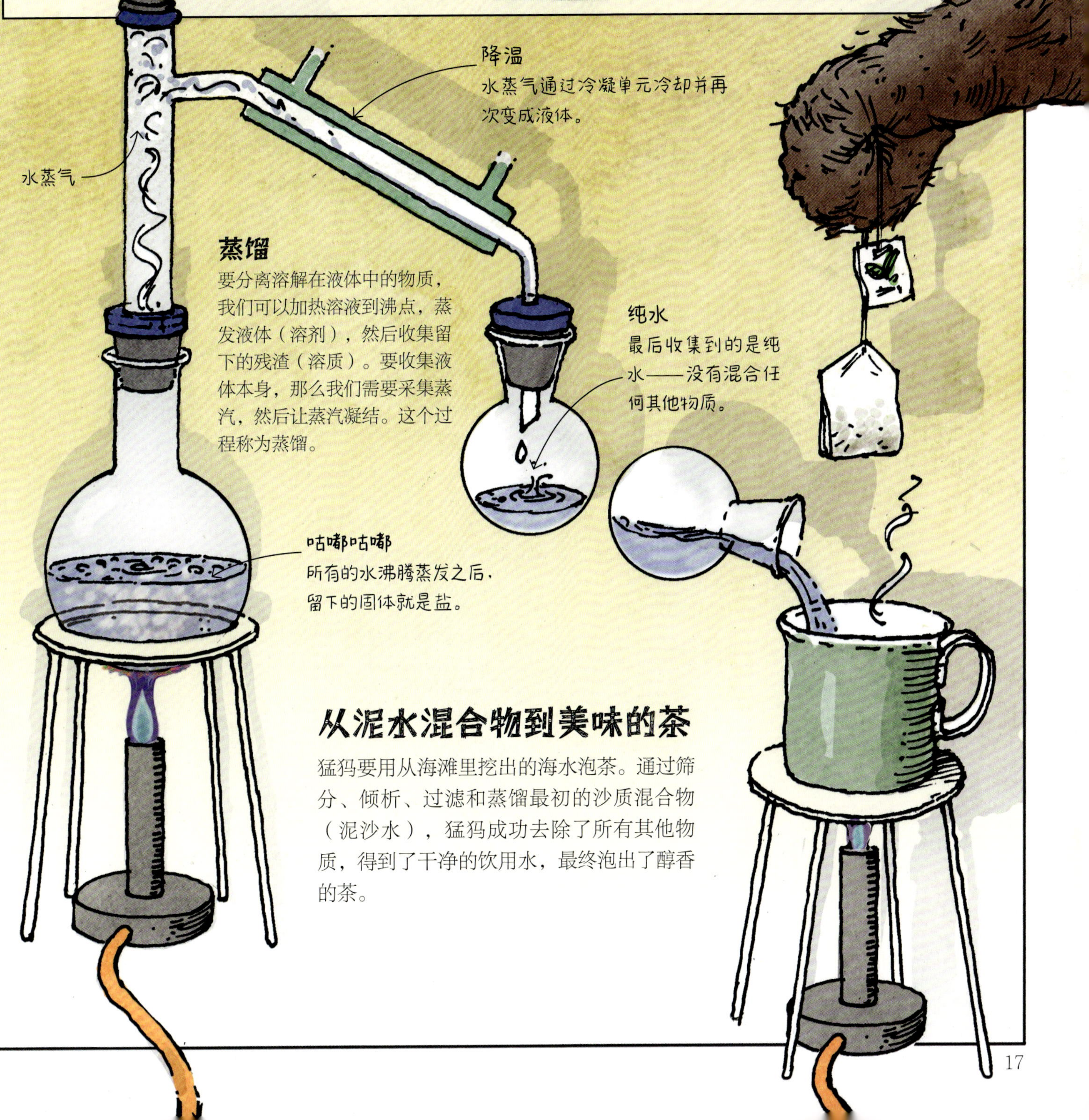

降温

水蒸气通过冷凝单元冷却并再次变成液体。

蒸馏

要分离溶解在液体中的物质，我们可以加热溶液到沸点，蒸发液体（溶剂），然后收集留下的残渣（溶质）。要收集液体本身，那么我们需要采集蒸汽，然后让蒸汽凝结。这个过程称为蒸馏。

纯水

最后收集到的是纯水——没有混合任何其他物质。

咕嘟咕嘟

所有的水沸腾蒸发之后，留下的固体就是盐。

从泥水混合物到美味的茶

猛犸要用从海滩里挖出的海水泡茶。通过筛分、倾析、过滤和蒸馏最初的沙质混合物（泥沙水），猛犸成功去除了所有其他物质，得到了干净的饮用水，最终泡出了醇香的茶。

元素排列

按特定顺序排列的元素图表称为元素周期表。具有相似属性的元素放入称为族的垂直列中。每个元素都可以用1或2个字母表示（第一个字母大写），称为元素符号，例如，O代表氧，Au代表金，He代表氦。

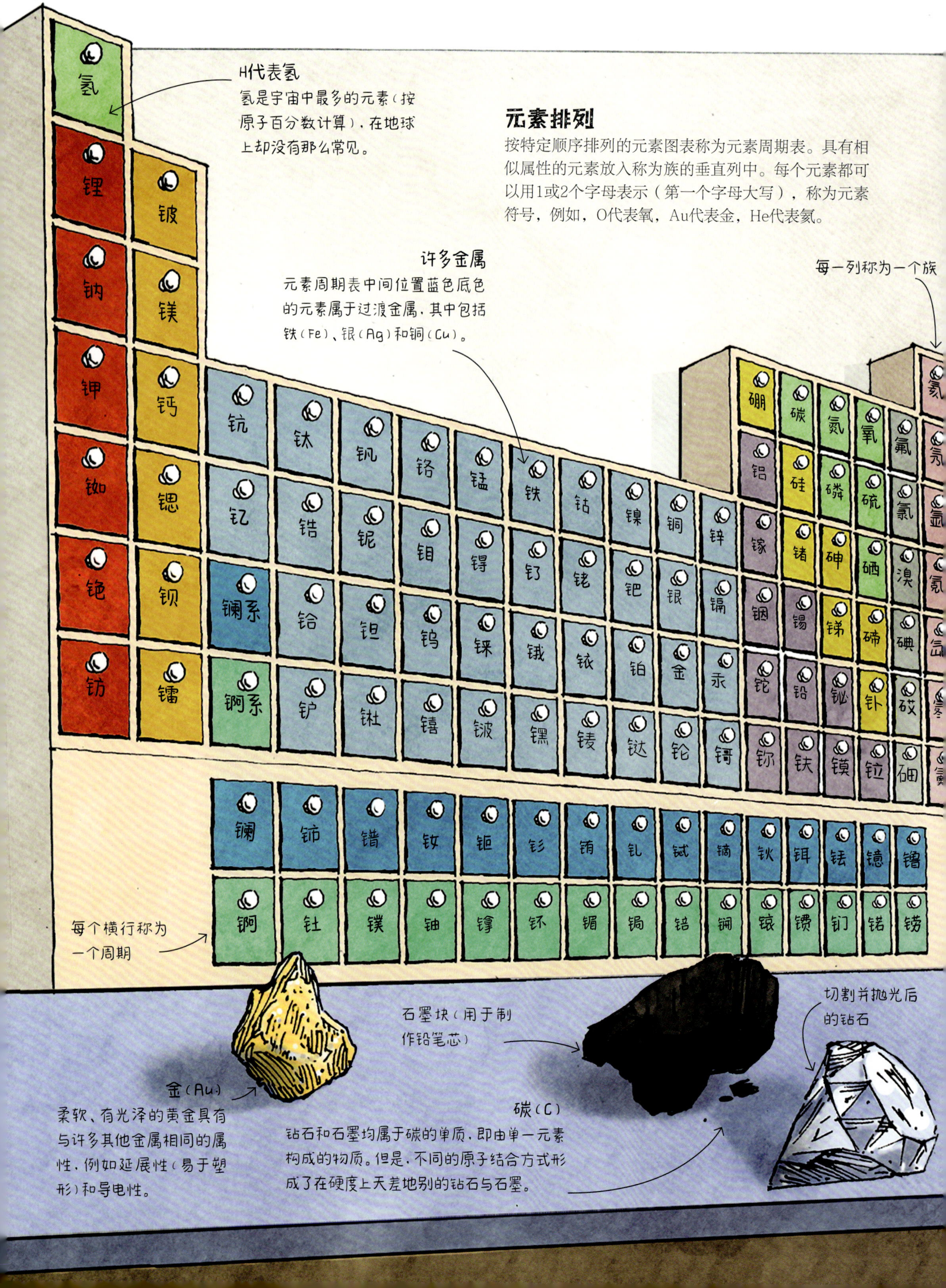

元素

宇宙万物都由物质构成。如果将物体分解成最简单的物质，那么我们得到的就是元素。从山脉到猛犸，元素是构成世界所有物体的基础。大多数元素，例如氧和碳，可以在地球的自然环境中找到，而有些元素是科学家在实验室中创造出来的。

检测元素

每种元素都只由一种原子构成（请参阅第20～21页），因此每种元素都有自己独特的属性。室温条件下，大多数元素都是固体，其中包括许多金属，例如铁和金；常温条件下，碳和硫是固态的非金属元素，而氧、氢和氮等元素会形成气态物质——氧气、氢气和氮气。

原子

原子是所有物质的最小构成单位。我们知道的所有物体全部由原子构成，从巨大的恒星到书籍再到猛犸，甚至我们自己的身体。原子非常微小——70亿个原子甚至无法填满一个句号。不过，微小的原子仍然可以进一步分解为3种更小的粒子：质子、中子和电子。

施工中

这是猛犸建造的一个原子结构模型：质子和中子组成的原子核位于中央，而电子在称为壳层的外侧区域高速旋转。原子通过带电粒子——质子（正电）和电子（负电）——之间的吸引力保持稳定。

电子

这些带负电的粒子非常小，差不多是质子或中子的1/2000。

质子

原子具有相等数量的质子和电子，因此原子整体不带电。

中子

这些是不带电荷的中性粒子，可以帮助将质子固定在原子核中。

氧原子

不同元素原子拥有的粒子数量并不完全相同。例如，氧原子拥有8个质子、8个中子和8个电子，氢原子拥有1个质子和1个电子。

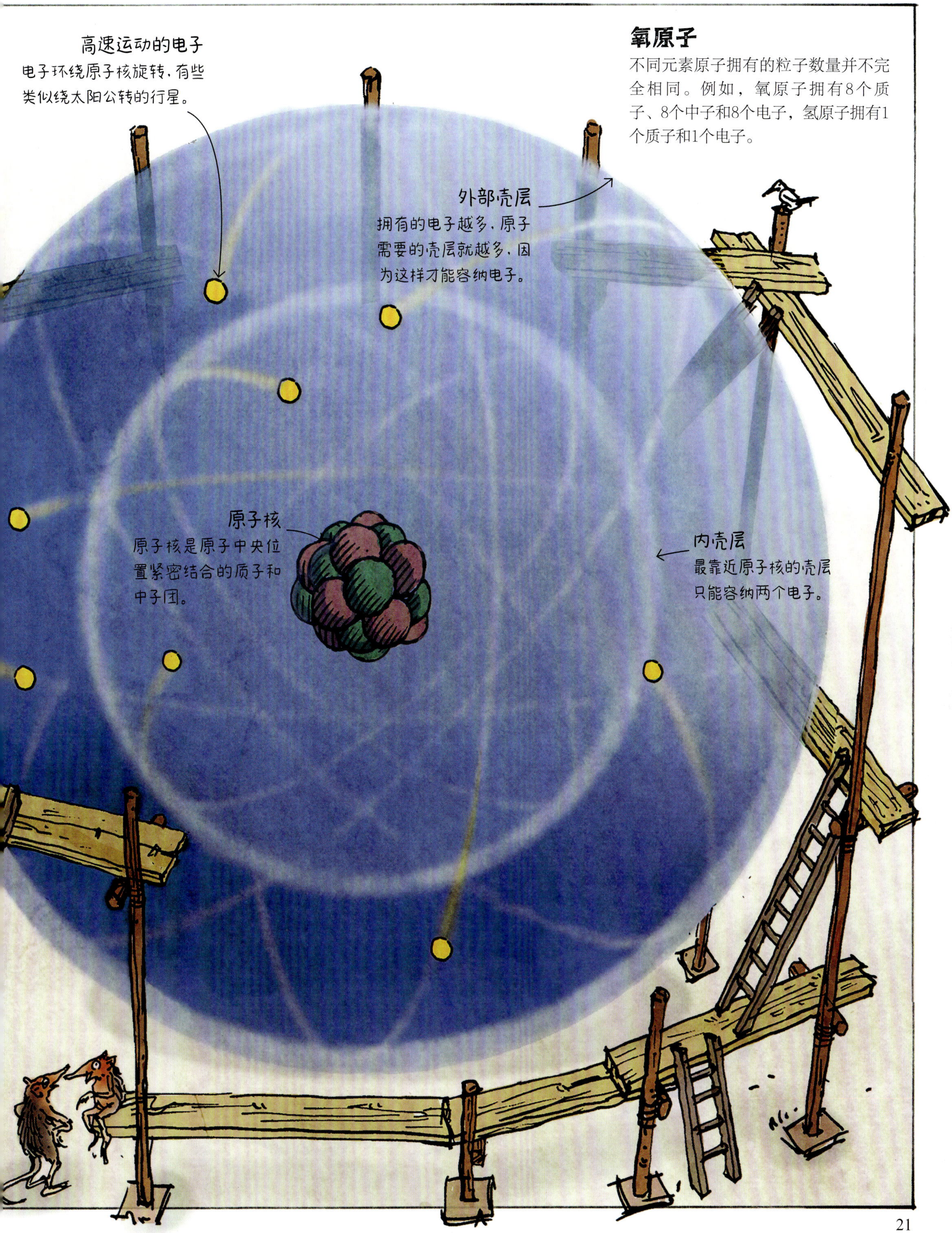

分子

两个或更多原子结合可以组成一个分子。分子可以十分复杂，包括数千个原子；也可以非常简单，只由2个或3个原子组成。有些分子只有一种原子，称为元素（单质）分子；其他分子是不同元素原子结合而成的化合物。所有分子都通过化学键结合，这是它们的共同点。

完工

这是微观世界的化学建筑工地：两种无色气体相结合，形成了地球上最重要的化合物之一——水。众所周知，水可以解渴，对生命至关重要，一个氧原子和两个氢原子结合就可以形成一个水分子。

化学键的作用

分子中的原子以共用电子的方式键合。每种元素的原子（请参阅第18～19页）都有一定数量的电子，电子在原子核周围的壳层中高速运动，每个壳层可以容纳的电子数量是有限的。如果外壳层的电子数没有达到限制（没有填满），这个原子可以通过与另一个原子共用电子的方式来填满外壳层。共用电子将在两个原子之间形成化学键。

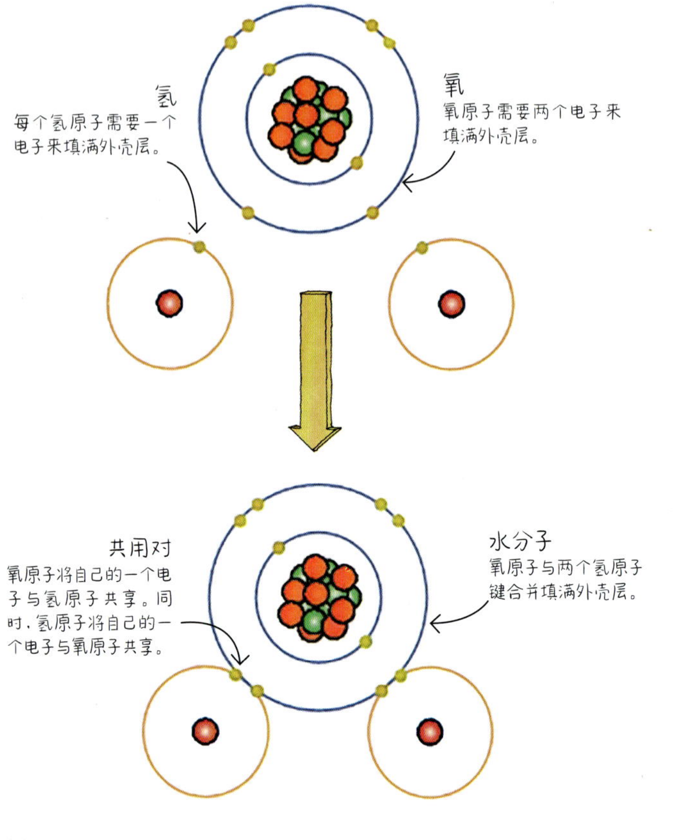

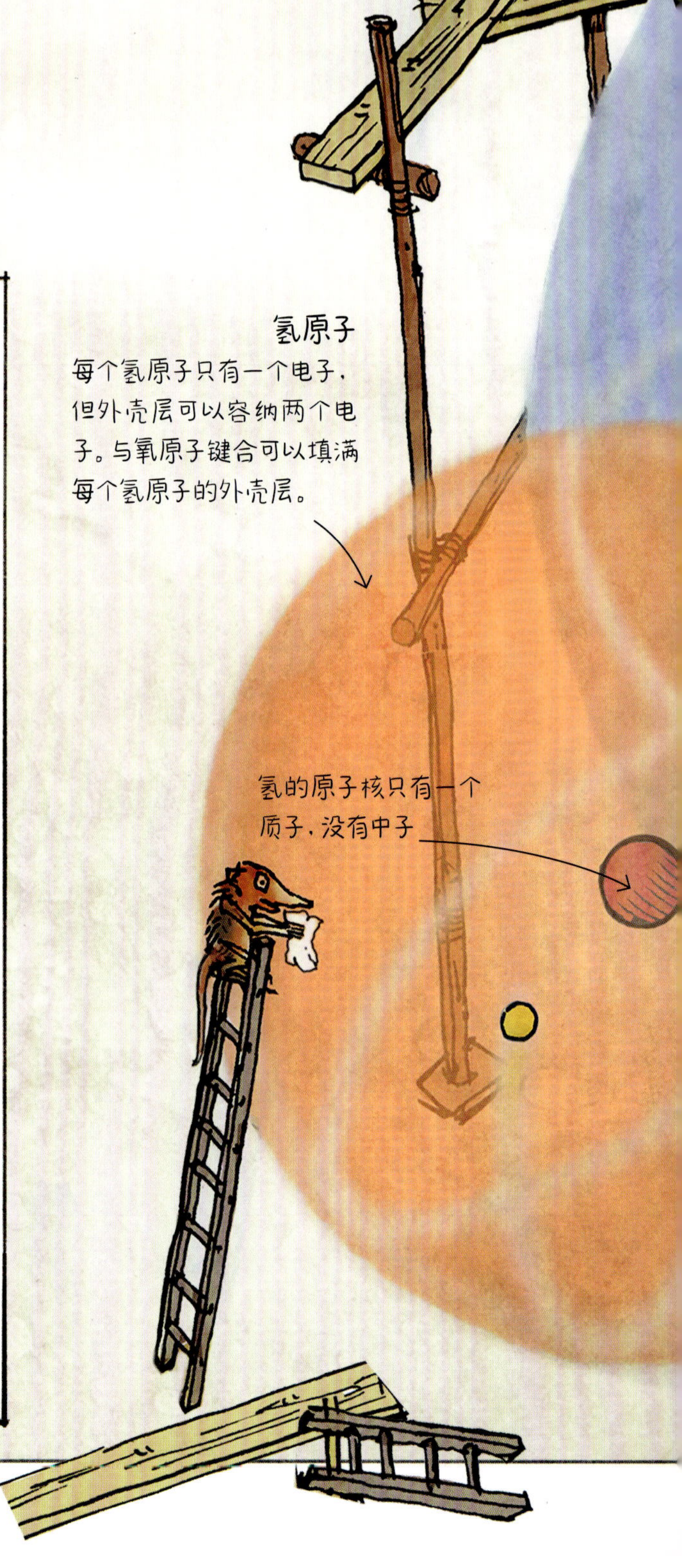

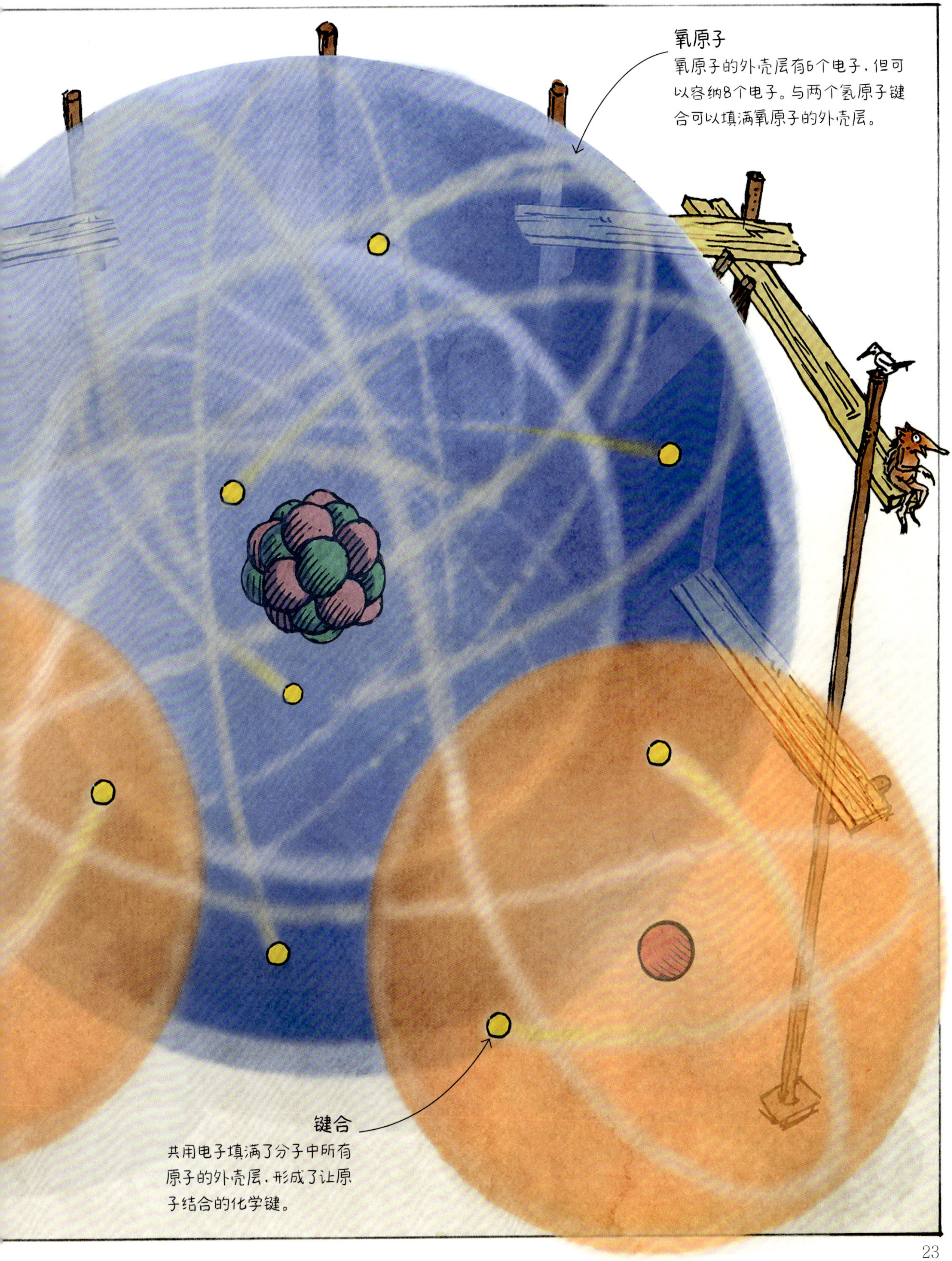
氧原子
氧原子的外壳层有6个电子，但可以容纳8个电子。与两个氢原子键合可以填满氧原子的外壳层。
键合
共用电子填满了分子中所有原子的外壳层，形成了让原子结合的化学键。

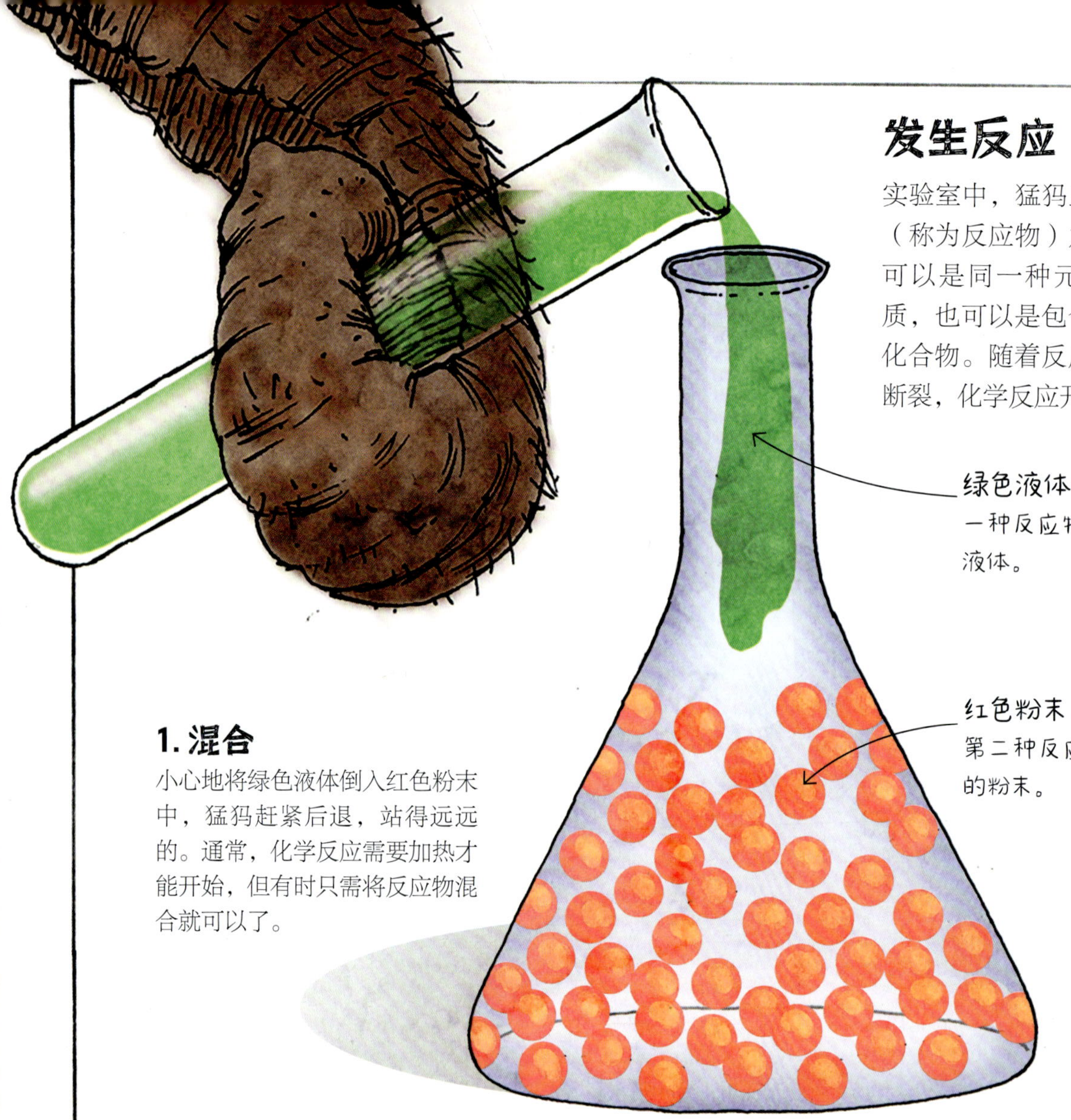

发生反应

实验室中，猛犸正试图让两种物质（称为反应物）发生反应。反应物可以是同一种元素原子构成的单质，也可以是包含一种以上原子的化合物。随着反应物原有化学键的断裂，化学反应开始了。

1. 混合

小心地将绿色液体倒入红色粉末中，猛犸赶紧后退，站得远远的。通常，化学反应需要加热才能开始，但有时只需将反应物混合就可以了。

化学反应

从固体熔化成液体时，物质的外观可能发生显著改变。但是，熔化是一种物理变化：物质本身并没有改变，改变的只是物理状态。有时，将两种物质混合可能发生另一种变化。物质的原子和分子断裂并重新组合，形成完全不同的最终产物。这种变化称为化学反应。

我们身边的化学反应

不仅科学实验室中，其实我们身边一直都在发生化学反应。例如，烘烤蛋糕时，化学反应让混合的蛋糕原料变成了一种新的（美味的）物质——蛋糕。然后，吃蛋糕时，我们胃中发生的化学反应可以帮助消化美味的蛋糕，为身体提供需要的能量。

2. 滋滋、噗噗、砰！

两种物质混合的同时就开始了相互反应：原子之间的化学键断裂并与其他原子形成新的化学键。

3.最终产物

通过化学反应产生的物质称为产物。化学反应最终产物的属性可能与原始反应物截然不同。

快速反应

有些化学反应进行得非常缓慢，而有些化学反应几乎可以在眨眼之间完成。爆炸是一种非常快速的化学反应，可以释放大量的热，产生耀眼的光线和震耳欲聋的声音。而且，爆炸会在瞬间释放大量的气体，产生能够将建筑物吹倒的强大力量。利用可以控制的爆炸以及能够发出不同颜色光的化学反应，人们发明了烟花，用于在夜空绽放令人眩目的璀璨“火花”。

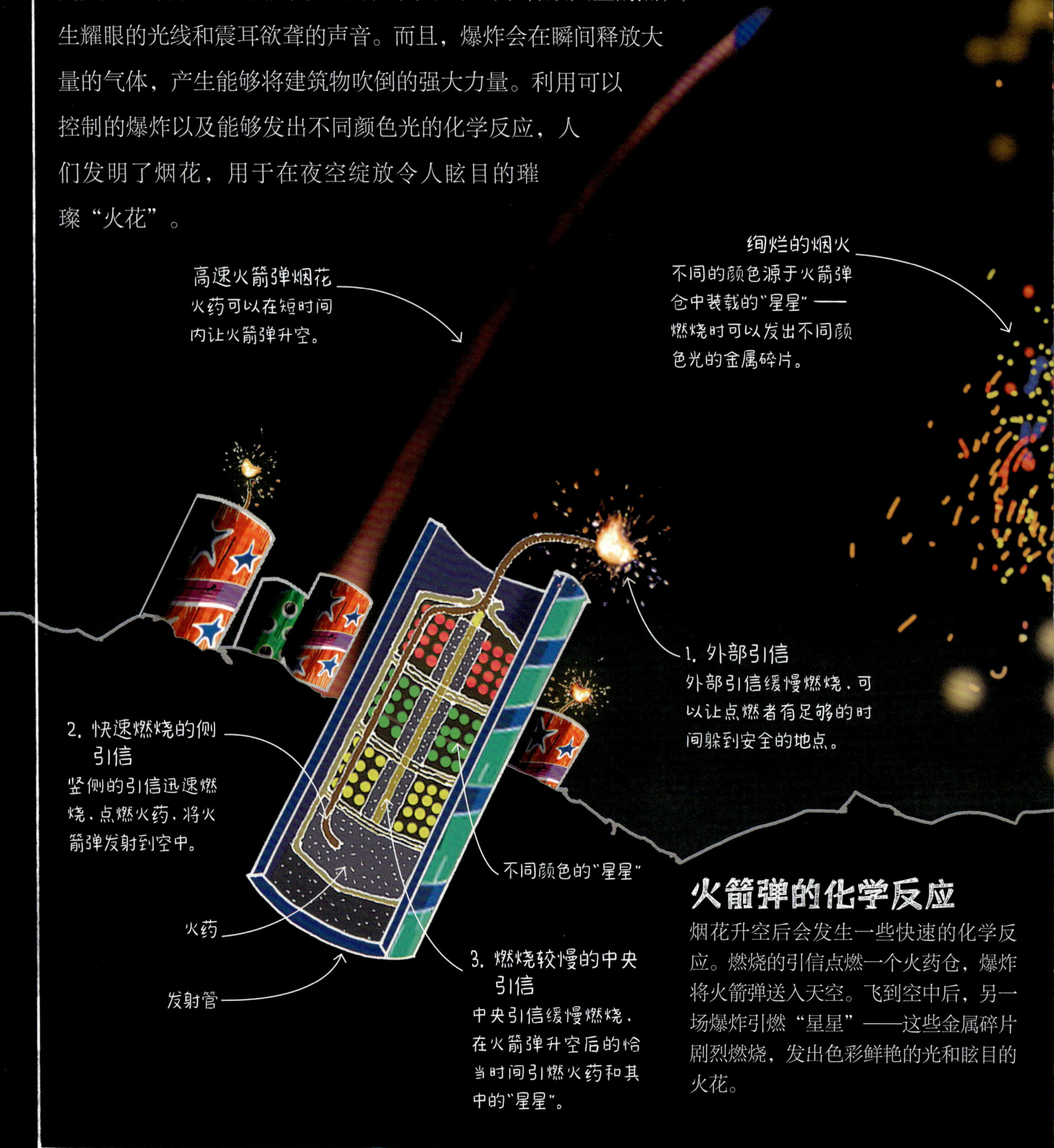

火箭弹的化学反应

烟花升空后会发生一些快速的化学反应。燃烧的引信点燃一个火药仓，爆炸将火箭弹送入天空。飞到空中后，另一场爆炸引燃“星星”——这些金属碎片剧烈燃烧，发出色彩鲜艳的光和眩目的火花。

慢速反应

生锈是慢速反应的一个典型例子。如果将金属自行车留在室外，随着时间的流逝，自行车表面将出现锈迹。自行车金属框架中的铁与空气中的水和氧气发生反应，生成薄片状的橙色氧化铁（或称为铁锈）。这种化学反应会腐蚀金属，最终让自行车的金属车架完全粉碎。

燃烧

篝火温暖的火焰可以提供光和热——足以烘烤一两个棉花糖。火焰是一种称为燃烧的化学反应的标志。燃烧可以释放能量，并生成水和二氧化碳，有时还会生成其他化学物质。这是人类很早就熟悉了的化学反应之一，但燃烧很容易失去控制。这些猛犸消防队员正在待命，防止火势失控。

灭火毯

毯子能够扑灭火焰，因为它可以隔绝空气中的氧气。

氧气

通常，氧气是燃烧的要素之一。在我们周围的空气中，氧气约占20%——足以维持不断升腾的火焰。我们呼出的空气也包含氧气，因此轻轻吹尚未熄灭的余烬，你会发现火焰慢慢变大，并且变成了明亮的橙色。

火三角

燃烧始终需要3种要素：氧气、燃料（可燃物）和着火源，即所谓的火三角，或者燃烧三要素。我们可以利用这些知识燃起熊熊火焰，也可以让火焰“偃旗息鼓”：“拆除”三角形的任意一条边都可以让火焰熄灭。

必需的氧气

如果有足够的氧气，燃烧生成的物质是水和二氧化碳（一种无害气体）。氧气不足时将发生不完全燃烧：部分燃料将变成烟灰，并生成一种称为一氧化碳的有毒气体。火焰的颜色也可以帮助分辨完全燃烧和不完全燃烧。

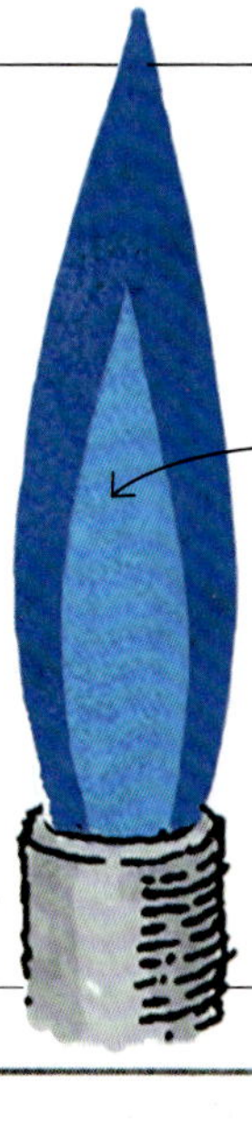

本生灯

本生灯（煤气灯）的蓝焰就是一个完全燃烧的例子。

冒烟的烛火

黄色火焰是不完全燃烧的标志。

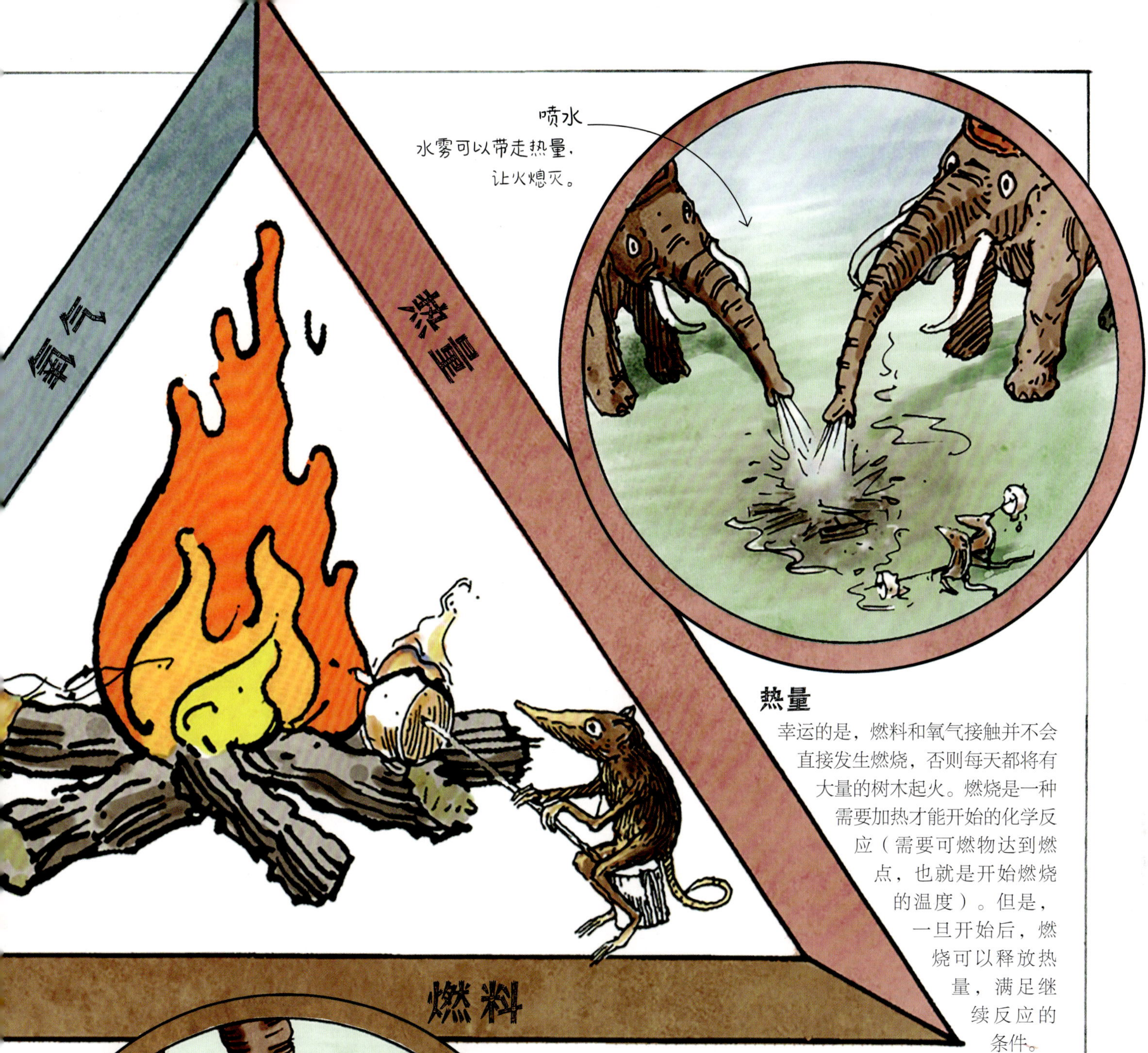

热量

幸运的是，燃料和氧气接触并不会直接发生燃烧，否则每天都将有大量的树木起火。燃烧是一种需要加热才能开始的化学反应（需要可燃物达到燃点，也就是开始燃烧的温度）。但是，一旦开始后，燃烧可以释放热量，满足继续反应的条件。

燃料

可以燃烧的物质称为燃料（或可燃物）。许多物体可以成为燃料，包括木材、纸张和蜡。有些燃料更容易燃烧：通常，木材燃烧得相对缓慢，汽油则会迅猛激烈地燃烧，瞬间腾起熊熊火焰。

pH值

如果你的手不像猛犸那么笨拙，你可以采用传统的方法测量pH值（酸碱度）。通用的pH值指示剂是一种化学物质混合物，可以利用颜色的变化指示pH值。通常，我们根据上图解读pH值指示剂颜色代表的含义。

酸碱度

酸碱度是所有物质的一项重要属性。许多食物都呈弱酸性，所以尝起来是酸的，而强酸可以“吞噬”金属、灼伤皮肤。酸与碱相对。有些碱性物质可以溶于水并形成碱性溶液。碱性物质通常具有苦涩的味道，可以分解油脂，因此常用作清洁产品。强碱和强酸一样危险。

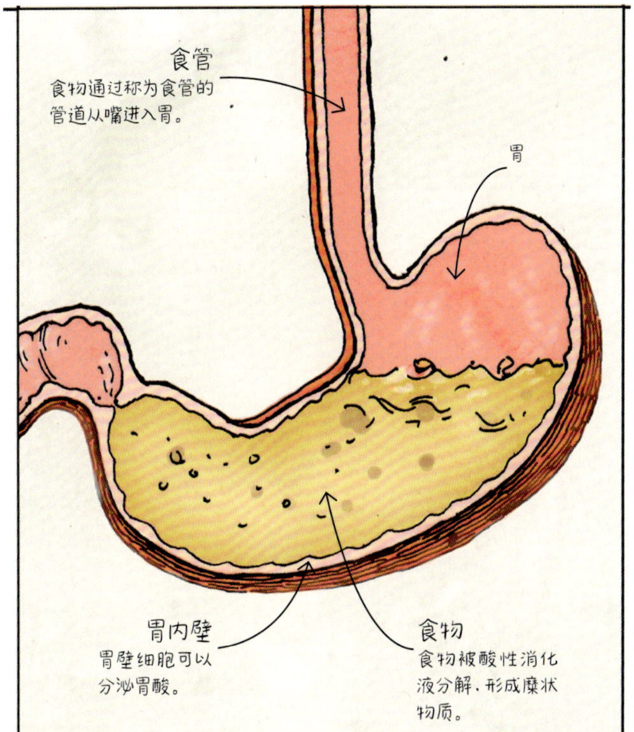

胃酸

人体内也有强酸。胃分泌盐酸（胃酸），以帮助消化食物并杀死任何有害的细菌，甚至虫子。胃酸的pH值通常为1.5～3.5。不过，胃内壁覆盖着一层黏稠的液体，可以保护胃壁避免强酸的侵蚀（防止胃酸腐蚀胃本身）

酸还是碱

传送带上的物体正在接受酸碱度测试。科学家使用pH值来表示酸碱度。pH值表示为从0到14的数字，数字越小表示酸性越强，数字越大表示碱性越强，而7表示中性。酸与碱混合将发生中和反应，物质的酸碱度变成中性。

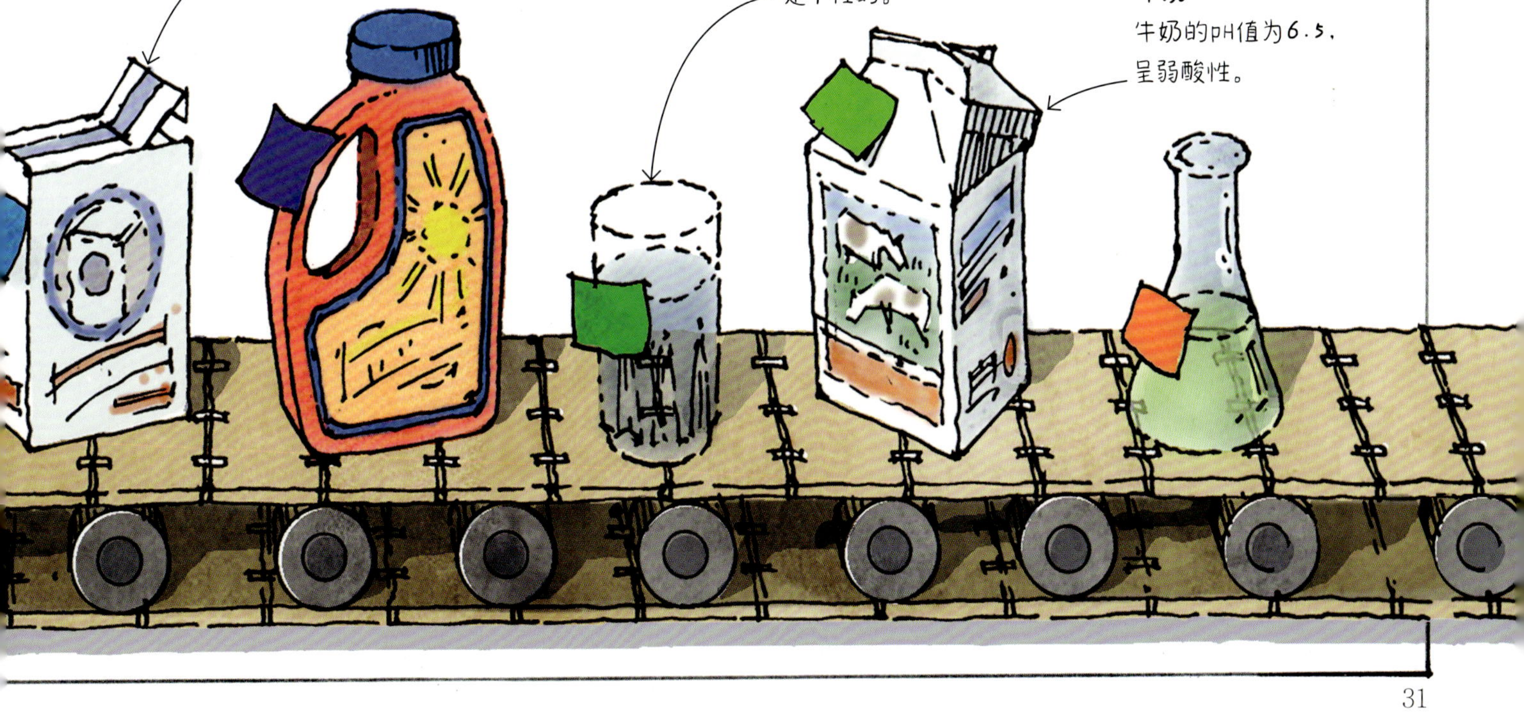

生物

什么是生物

从植物、毒蕈和海藻到正在阅读本书的你，地球上生活着形形色色、各式各样的生物。尽管看起来千差万别，但生物具有某些共同的属性，可以与非生物相区分。

生物界

迄今为止，科学家已经发现了近200万种不同的生物，包括从微生物细菌到鲸和参天的树木。所有这些生命形式分成了若干主要的类别，称为界。其中一些常见的界如下：

动物

动物界包括哺乳动物、鸟类、爬行动物、青蛙和蟾蜍、鱼类、昆虫、蜘蛛和蠕虫，等等。动物以其他生物为食，并拥有可以帮助移动和应对各种情况的肌肉与神经。

植物

从低矮的杂草到高大的树木，植物界包括超过39万种不同类型的生物。大多数植物长有叶子，许多有花或球果，可以利用阳光自己生产食物。

真菌

真菌既不是植物也不是动物，包括各种蘑菇和毒蕈。真菌大多数生长在阴暗潮湿的环境，例如森林的地面或腐烂的木材表面。

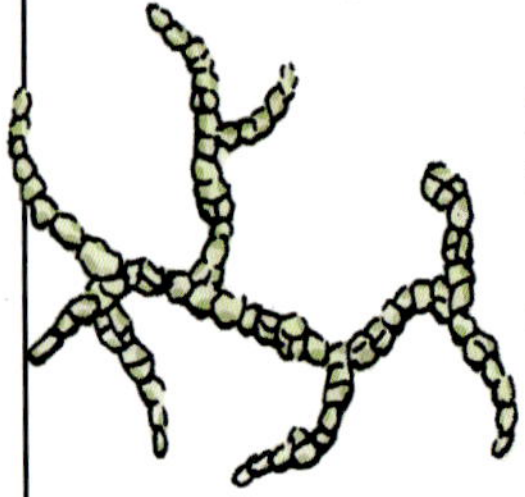

藻类

藻类包括海藻在内，通常生活在水中。许多藻类不仅外观与植物接近，而且与植物同样可以直接利用阳光自行制造食物。

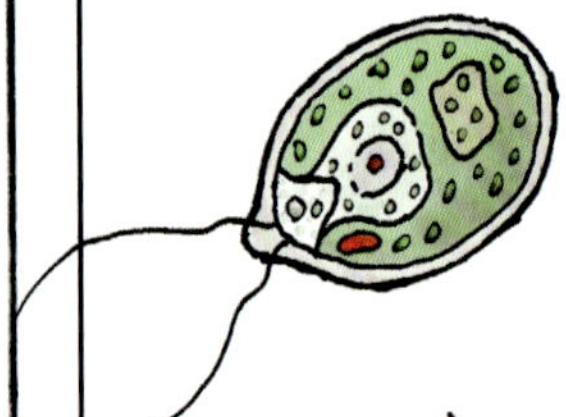

原生生物

这些微小的单细胞生物生活在水和潮湿的土壤中，甚至动物和植物内部。有些原生生物可以借助类似毛发的线四处“游动”。

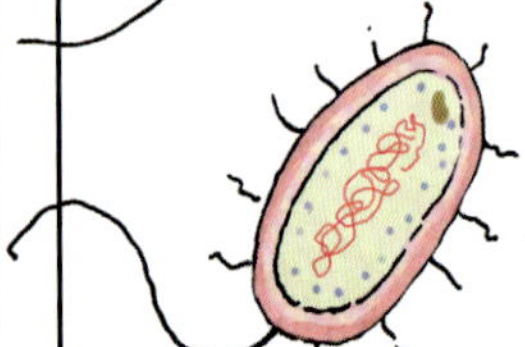

细菌

细菌的形状不尽相同，但全都是没有细胞核的单细胞生物。细菌分布在地球上的几乎所有地方，包括人类的体内和体表。我们的身体表面和内部生活着大约100万亿个细菌。

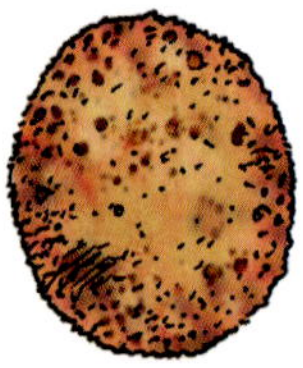

古生菌

古生菌与细菌类似，属于没有细胞核的单细胞生物。与其他形式的生命相比，许多古生菌生活的环境可能更具挑战性：极端炎热或寒冷，盐度更高或空气更稀薄。

生物的特征

这些吃草的猛犸展示了所有生物的几项共同特征：生长、变化、四处移动、排泄废物并且可以繁殖。猛犸可以感知周围的环境并做出响应，从食物中吸收营养，并利用称为细胞呼吸的过程在细胞内释放能量。

细菌

细菌是地球上最小的生物类型之一。因为它们具有快速繁殖的能力，全球的细菌总数难以计算。细菌几乎无处不在：土壤、水及周围的空气中，甚至人体表面和内部也都存在着大量的细菌。所有细菌都是结构非常简单的单细胞生物。

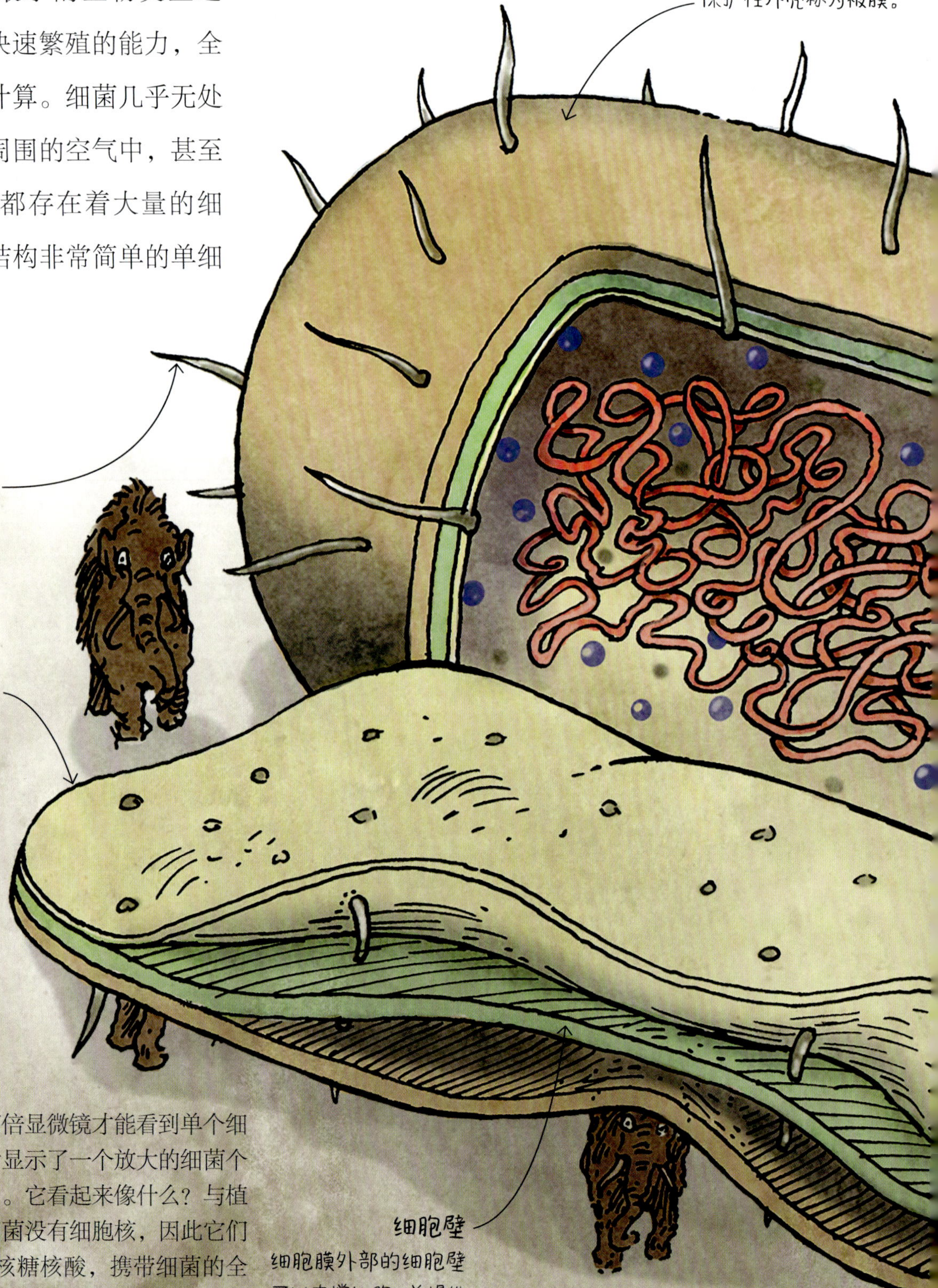

内部视图

通常，我们必须借助高倍显微镜才能看到单个细菌。不过，本页的图片显示了一个放大的细菌个体（对比旁边的猛犸）。它看起来像什么？与植物或动物细胞不同，细菌没有细胞核，因此它们的DNA（全称为脱氧核糖核酸，携带细菌的全部遗传信息，请参阅第74～75页）自由漂浮在细胞内部。虽然只存在称为“拟核”的区域，但是没有核膜包围这个区域。

好还是坏？

有些细菌是有益的：它们可以分解死亡或腐烂的动植物残骸，为土壤增加养分，实现营养物质的循环。我们体内的细菌可以帮助消化食物。但是，某些细菌进入人体后会释放危害人体组织的毒素，或者引发传染性疾病。有些病菌甚至可以杀死人类。

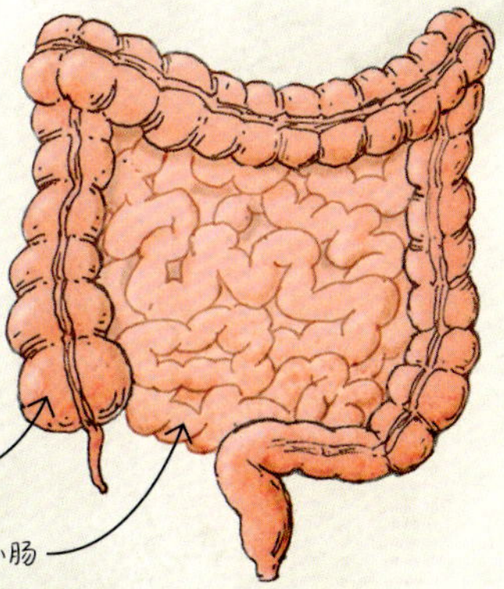

肠道细菌

人类消化系统中生存着数万亿细菌，其中大部分集中在大肠。这些肠道细菌可以帮助分解食物和制造部分营养。

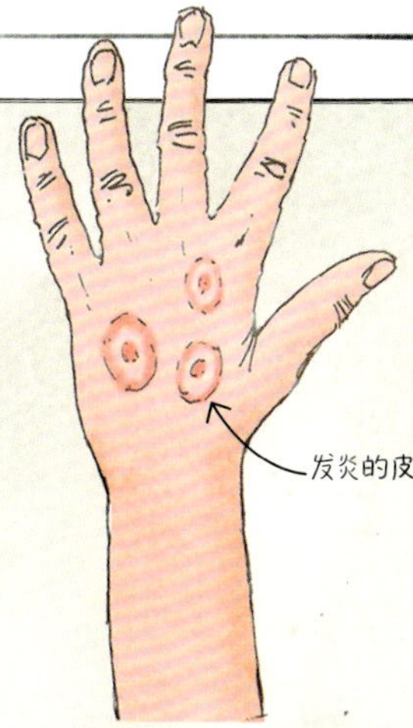

细菌感染

在皮肤表面发现的细菌通常无害，但如果细菌数量大幅度增加则可能引发感染和炎症。

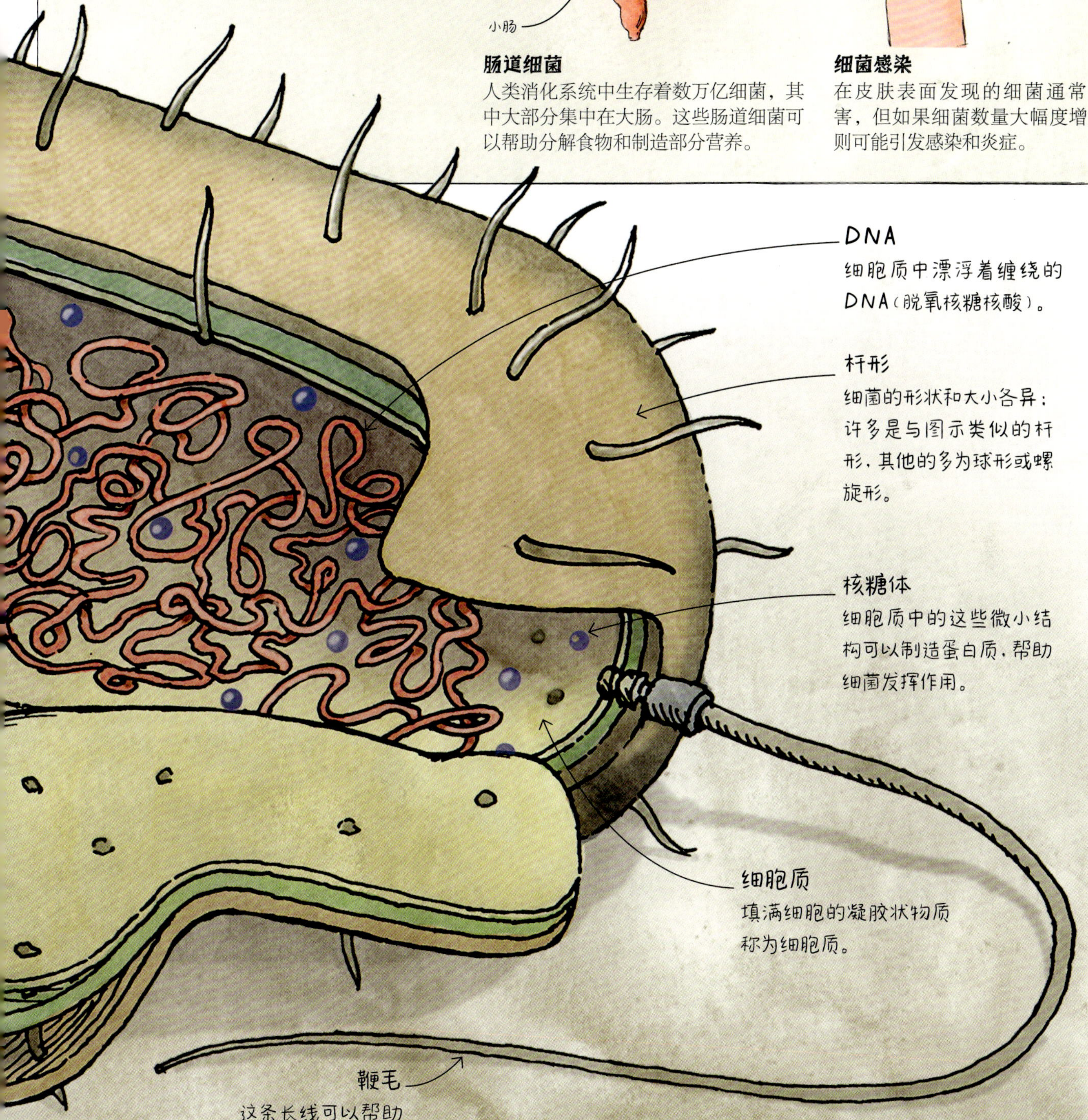

细胞

除病毒外，地球生物都由称为细胞的微小单元组成。这些单元十分微小，必须借助显微镜才能看到。有些单细胞生物，例如细菌，只有一个细胞；其他生物，例如植物和大而笨重的长毛猛犸，则由数万亿个细胞组成。

动物细胞

猛犸的每个象鼻细胞都是一个微型动力站：细胞核是细胞的控制中心，包含了所有的细胞运转指令；线粒体可以释放能量，满足细胞的能量需求；包裹细胞的是一层薄的油性细胞膜，细胞内部则充满了类似果冻的液体——细胞质。

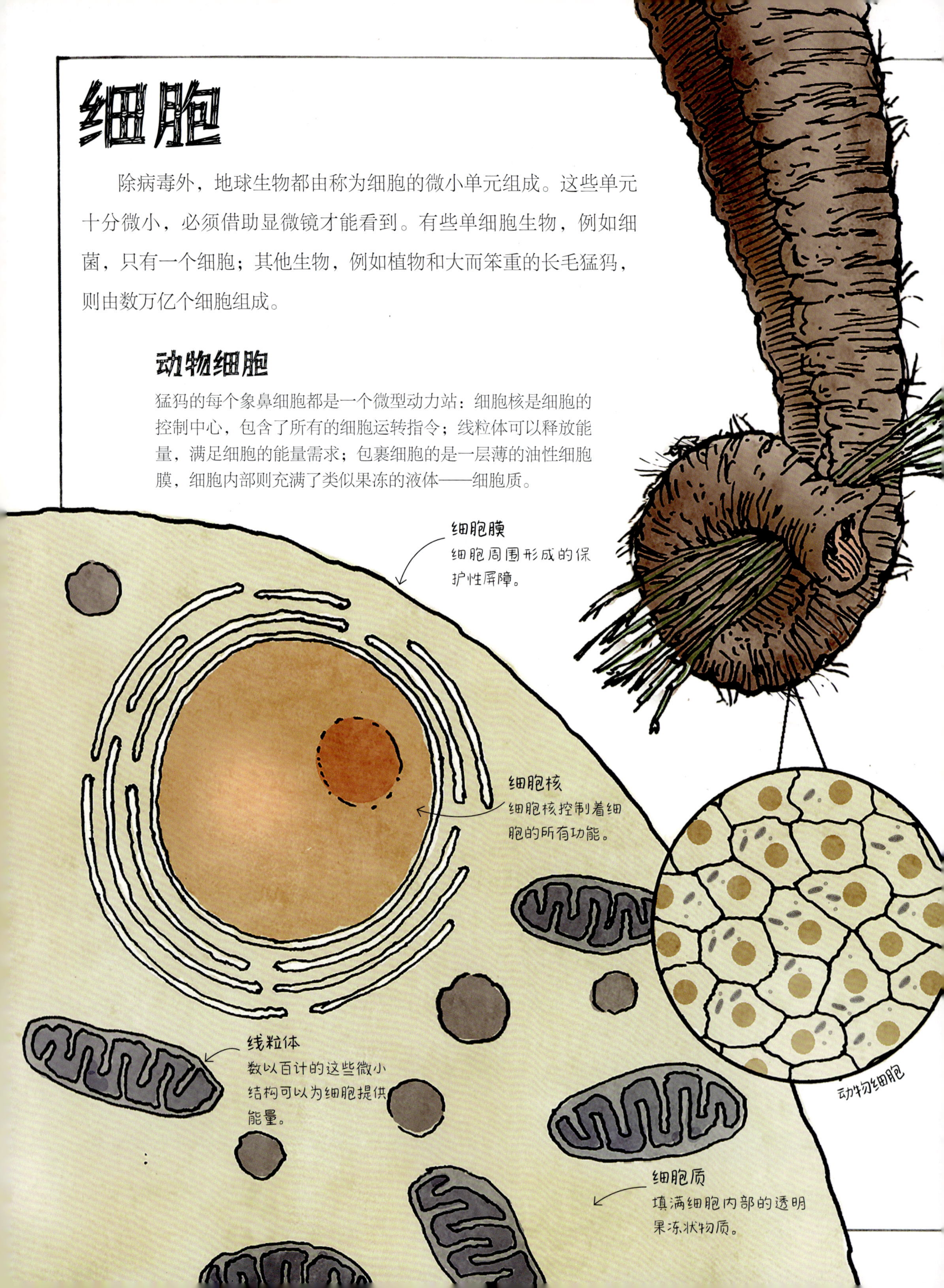

植物细胞

猛犸吃下肚的植物都由植物细胞组成。植物细胞与动物细胞十分类似，但也有一些独特之处：较硬的细胞壁为植物细胞提供了具有一定刚性的形状；充满液体的囊称为液泡，液泡可以储存水并帮助细胞保持形状；叶绿体是一种微小结构，可以吸收阳光的能量并通过光合作用制造食物。

细胞类型

尽管基本结构相同，但构成生命体的数万亿个细胞并非千篇一律。细胞也有许多不同的形状和大小，以及独特的功能和职能。人体包含200多种不同类型的细胞，每种细胞都有自己特殊的作用。

细胞大游行

齐步走！这个不寻常的游行队伍仅包括了少数几种人体细胞。图中描绘了细胞的形状和尺寸，但显示的比例与实际并不相符：例如，卵细胞比游行队伍中最大的细胞还要大10倍左右，而展开后的神经细胞线状轴突可以达到1米长。

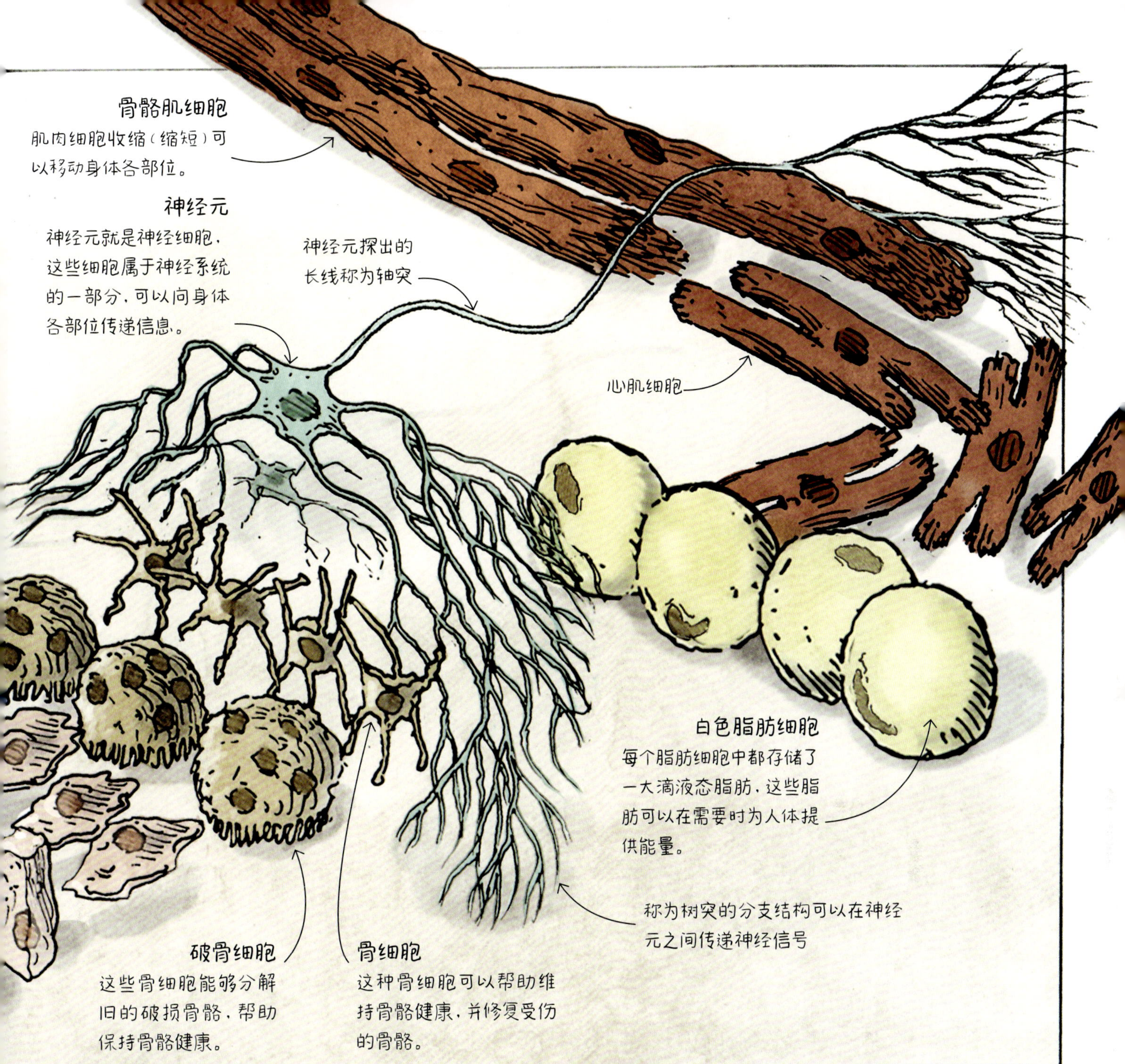

植物细胞的类型

与动物类似，植物也分化出了具有特殊作用的细胞：植物的叶片细胞中充满了鲜绿色的叶绿体，叶绿体能够利用阳光的能量制造糖（请参阅第43页）；其他细胞（包括右图中所示细胞）可以帮助在植物内部运输必需的物质。

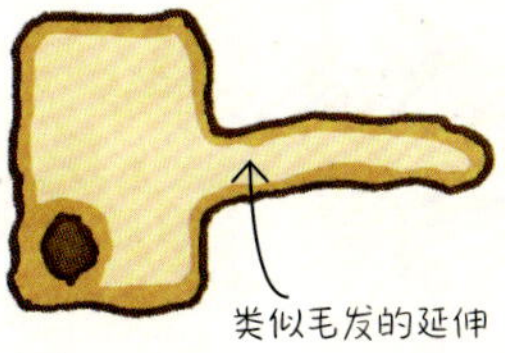

根毛细胞
根毛细胞细长的延伸部位能够吸收土壤中的水分和矿物质。

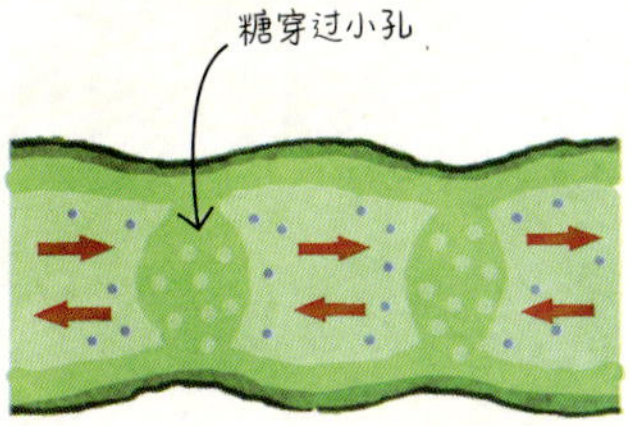

韧皮部细胞
这些细胞相互结合，可以将叶片细胞生成的糖运输到植物全身。每个韧皮部细胞的末端都有微小的孔（开口）。

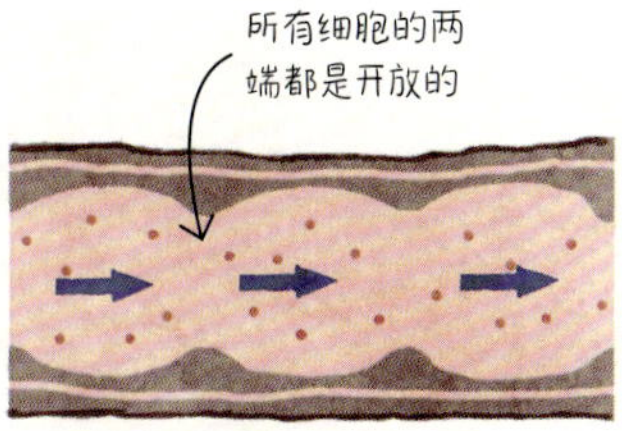

木质部细胞
两端开口的木质部细胞共同形成了输水管道，可以将根部吸收的水分和矿物质营养输送给茎和叶。

植物

从参天大树到毫不起眼的苔藓，植物覆盖了地球约三分之一的表面。与动物一样，植物也是生物，必须依赖食物才能生长。但是，与猛犸和象鼩不同，植物可以利用从环境中收集的材料自己制造食物。而且，植物会在制造食物的过程中释放氧气——地球生物生存的关键要素之一。

光

阳光照射植物宽阔的叶子表面。

叶子

这株植物长有宽阔而扁平的叶片，能够像太阳能电池板一样吸收阳光。叶子表面布满了称为气孔的小孔，能够吸收空气中的二氧化碳。

糖

叶子生成的糖输送到植物的各个部分，向下达到根部，向上可以到达枝叶末端。

生长

要制造食物，植物需要阳光、新鲜的空气和水。植物可以借助光合作用的过程将这些物质变成生存所需的单糖。光合作用是发生在植物叶子中的复杂化学反应，但植物的每个部分都有自己的作用：根吸收水分和矿物质，茎提供坚固的支撑，还是植物内部重要的液体运输管道。

根

分叉的根可以固定植物，同时从土壤中吸收水和重要的矿物质。根深入地下，利用毛细分叉尽可能地吸收水分和矿物质。

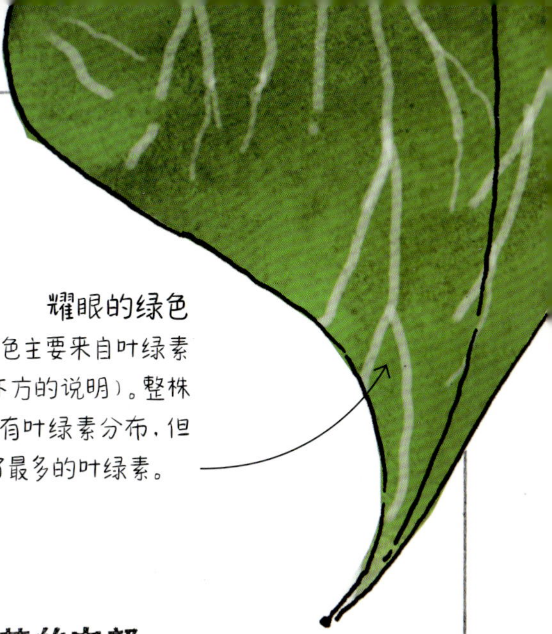

耀眼的绿色

植物的绿色主要来自叶绿素（请参见下方的说明）。整株植物中都有叶绿素分布，但叶片集中了最多的叶绿素。

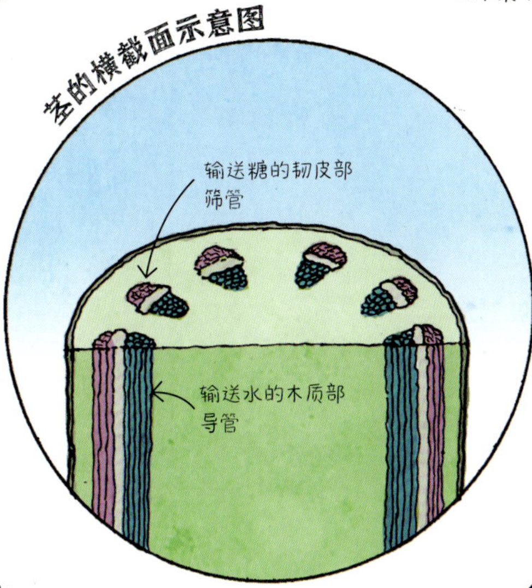

茎的内部

茎中有很多贯穿的细管，可以作为植物的运输通道。细管分为两类：将糖从叶子输送到植物其余部分的韧皮部筛管，从根部向上输送水分的木质部导管。

粗壮的茎

茎可以支撑植物站立并运输水分和养分。

水

植物内部流动的水帮助茎保持坚挺和直立。

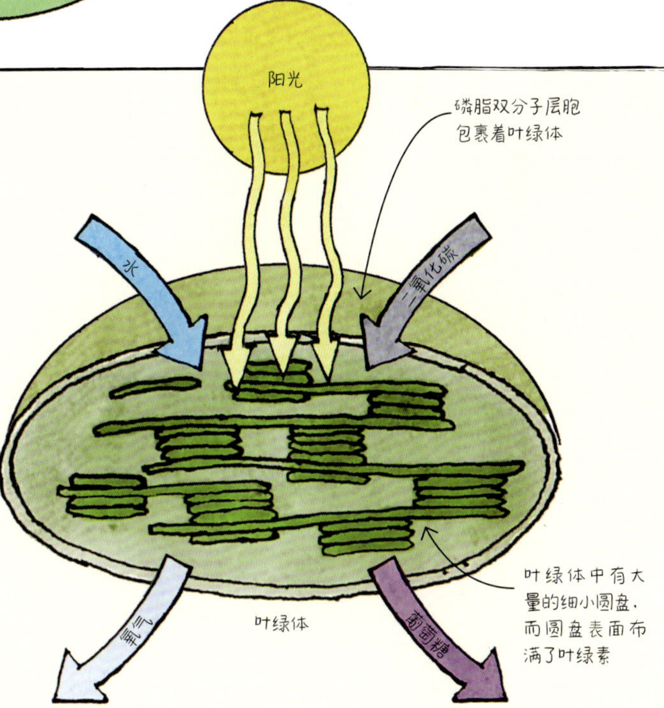

光合作用

植物利用光合作用的过程制造食物，而这个过程发生在植物细胞内称为叶绿体的微小结构内部。叶绿体中充满了叶绿素，而叶绿素可以吸收阳光的能量，并利用这些能量进行化学反应，将水和二氧化碳转化为葡萄糖（一种单糖）和氧气。

花朵的内部

一只好奇的象鼩在花朵间穿行，它的皮毛表面沾满了花粉，然后又将这些花粉黏附到了雌蕊顶端的柱头上。柱头顶端的花粉发育成花粉管，花粉管深入存放卵细胞的子房，并输送精核帮助卵子受精，形成可以成长为新植物的种子。

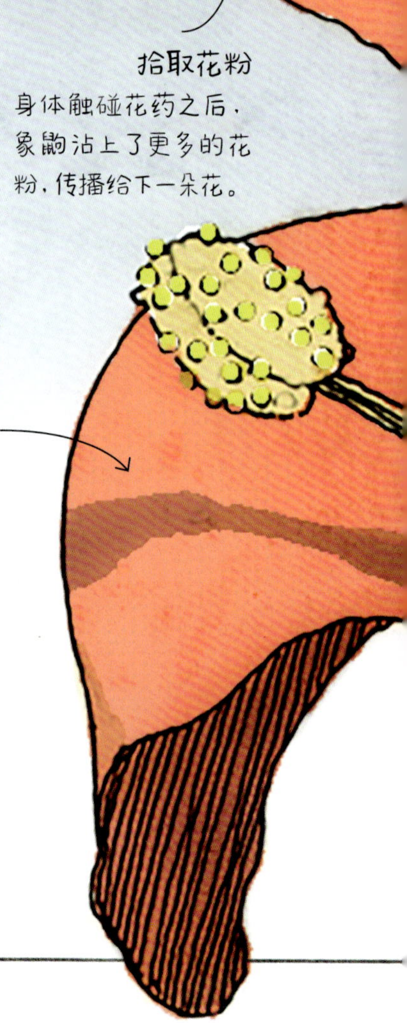

花朵

凭借艳丽的色彩和香甜的花蜜，花朵经常吸引许多动物前来，包括从到处嗅探的象鼩到忙碌的蜜蜂。但是，鲜艳芬芳的花朵不仅仅是为了展示，更是植物生殖系统的一部分。采食含糖的花蜜时，小型哺乳动物、鸟类或昆虫也会沾上包含植物雄性生殖细胞的花粉颗粒，帮助植物完成授粉。

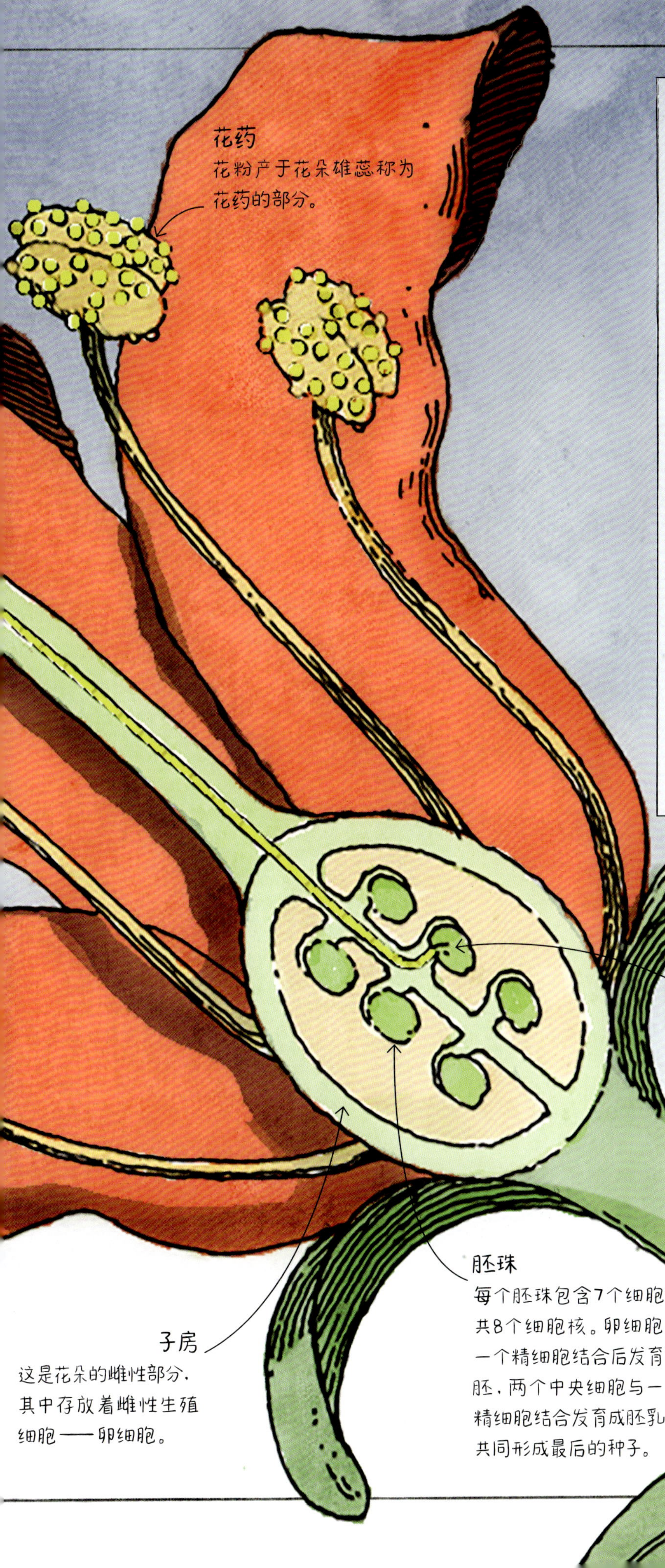

果实种类

得到花粉的受精后，子房膨胀并发育为果实。果实中包含可以成长为新植物的种子。

桃

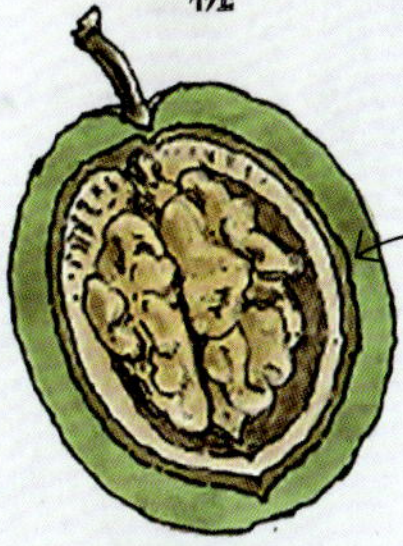

核桃

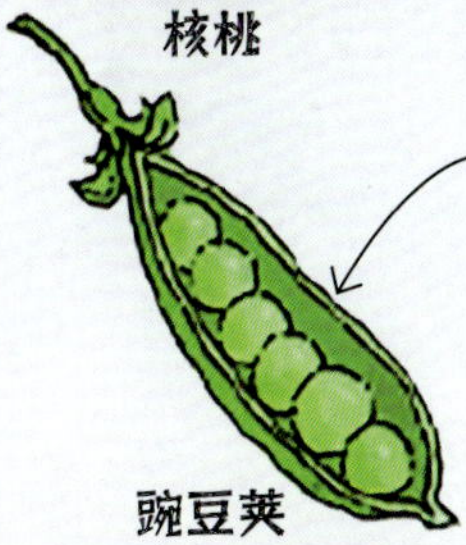

豌豆荚

去旅行

有些种子非常轻，可以随风飞散；或者种子足够结实，能够随水流漂到很远的地方；还有的种子喜欢搭乘动物“顺风车”，四处传播。此外，很多豆荚可以爆炸，将其中的种子弹射到远离母本植物的地方。

美味的款待
为了吸引动物前来并帮助传播种子，果实大多颜色鲜艳。

种子

为了让新植物能够顺利生长，种子必须广泛传播，也就是传播到远方。只有远离亲本植物，才能避免新植物与亲本植物争夺食物、阳光和水。种子的传播方式多种多样，例如被动物吞咽下肚，然后未消化的种子随排泄物排出，这只是传播方式中的一种。

随粪便排出
食用植物果实的同时，动物也会吞下种子。严密包裹的种子可以毫发无损地经过动物的消化系统，最终随排泄物排出。

种叶舒展

向上，不断地向上
植物继续生长，萌发了第一片真正的叶子。

豌豆

发芽
绿色的嫩芽舒展并向上生长。

生根
根向下深入土壤，顶开种子的外壳。

生根

种子内部是一个可以成长为新植物的微小胚胎，胚胎包括根、芽和一对“子叶”，子叶为胚胎提供食物。要开始生长或发芽，种子需要一个适宜的地点，这个地点的土壤营养丰富，并且有充足的阳光。

食物链

地球所有生命之间都存在着或直接或间接的联系，因为动植物可以相互提供食物。在这个史前场景中，猛犸啃食青草，还需要提防饥饿掠食者的猎杀。换句话说，猛犸是食物链中的一环。草位于食物链的底部，是众多生物的食物来源，作为顶级捕食者的剑齿虎几乎没有任何天然的威胁。

吃草的猛犸

以生产者为食的动物称为初级消费者，它们构成了食物链的第二级。草叶中储存的能量正在进入猛犸的身体。

阳光

食物链的几乎所有能量都来自太阳。

绿草

生产者位于食物链的底部。通常，生产者是绿色的植物。植物可以结合阳光中的能量与土壤中的养分，并借助光合作用自己生产食物（请参阅第42～43页）。

能量的流动

所有生物都需要食物，以获取生存需要的物质与能量。能量沿食物链从一种生物传递给另一种生物。植物将太阳的能量储存起来，传递给草食动物，草食动物成为肉食动物的食物后，能量顺着食物链继续流动。

饥饿的猎手

如果猛犸成了剑齿虎的猎物，那么能量将传递给剑齿虎。以其他动物为食的动物称为次级消费者。猫科动物是纯粹的肉食动物，但有些次级消费者也吃植物，因此它们同时属于初级消费者和次级消费者。

食物网

大多数生物都会牵涉一条以上的食物链，而交错的食物链形成了复杂的网络，称为食物网。食物网也可以显示特定栖息地中动物之间的能量流动。在如下图所示的北极食物网中，生产者是微小的藻类，这些藻类被称为浮游植物，能够进行光合作用。

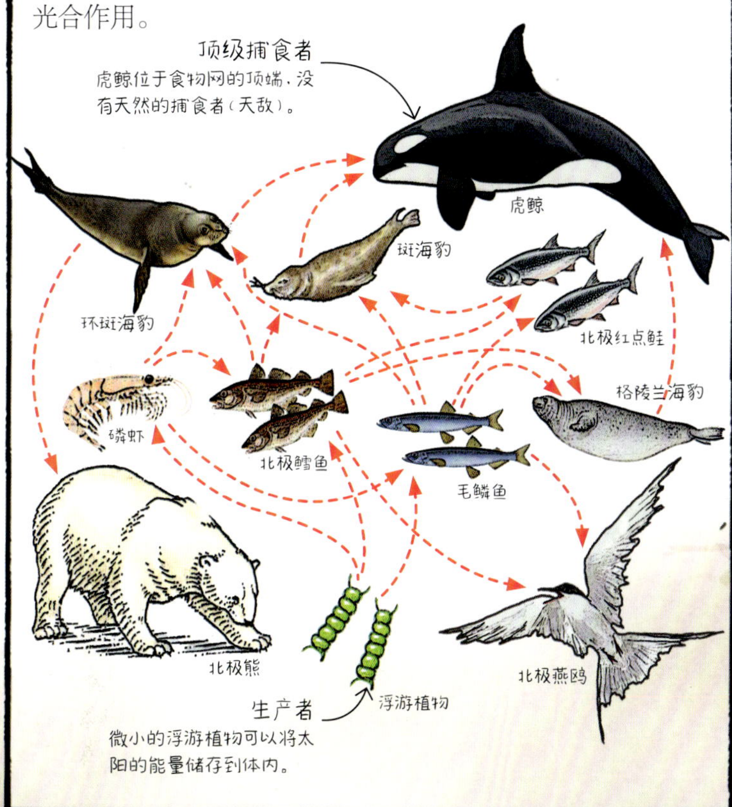

蜣螂

这种分解者以其他动物产生的粪便为食。

分解者

以废弃物和死亡生物为食的生物称为分解者，它们可以分解腐烂的生物残骸，为土壤增加便于植物吸收的养分，实现能量的循环。

消化

消化系统是人体内异常复杂且精密的系统。我们吃进肚子的食物必须经过分解消化，才能变成适合人体细胞吸收的营养。图中的这座食品消化工厂展示了人体消化系统的工作原理。食物从嘴进入人体，经过食管到达胃，随后进入肠道。肠道可以吸收几乎所有有用的营养物质，只留下臭烘烘的废物。

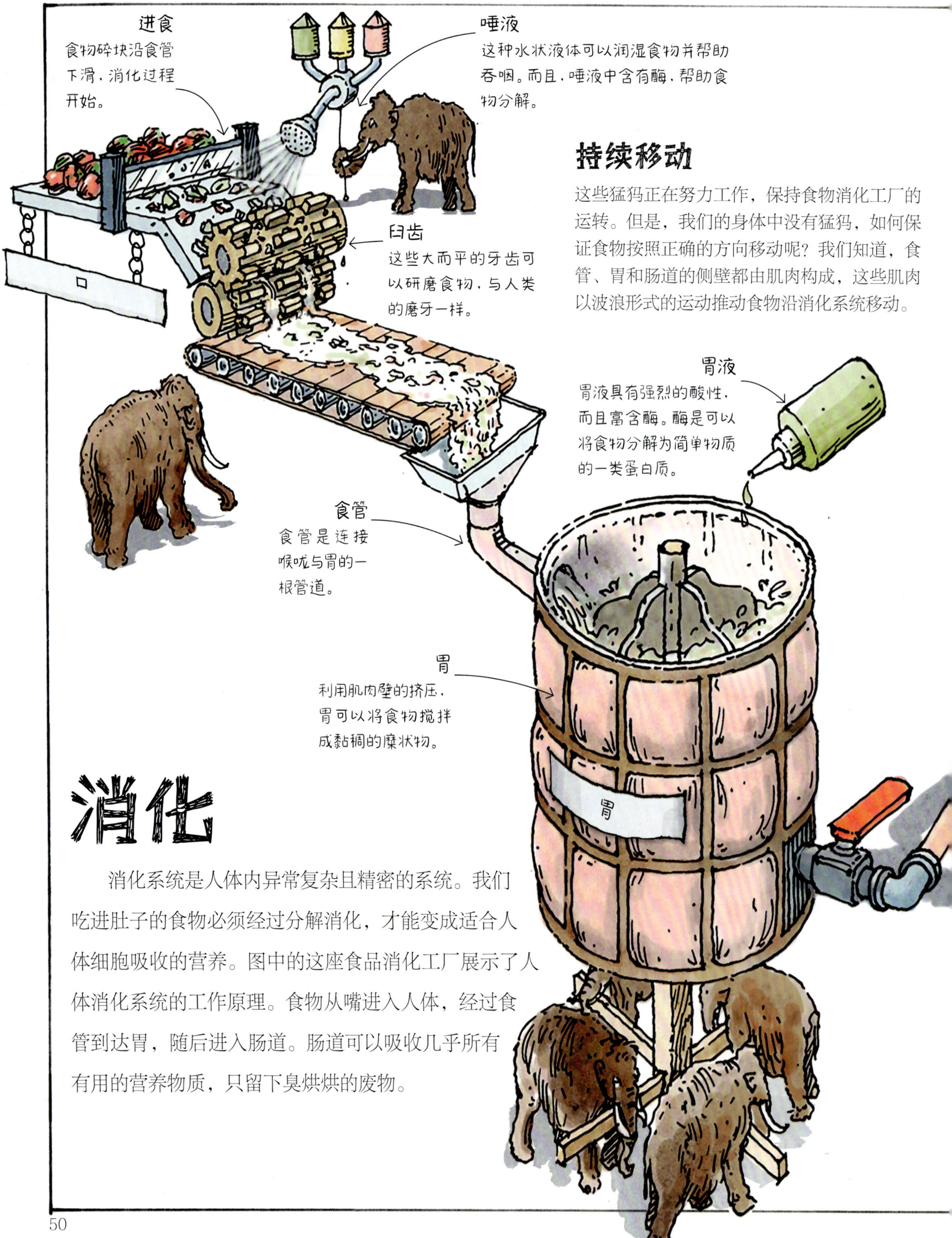

持续移动

这些猛犸正在努力工作，保持食物消化工厂的运转。但是，我们的身体中没有猛犸，如何保证食物按照正确的方向移动呢？我们知道，食管、胃和肠道的侧壁都由肌肉构成，这些肌肉以波浪形式的运动推动食物沿消化系统移动。

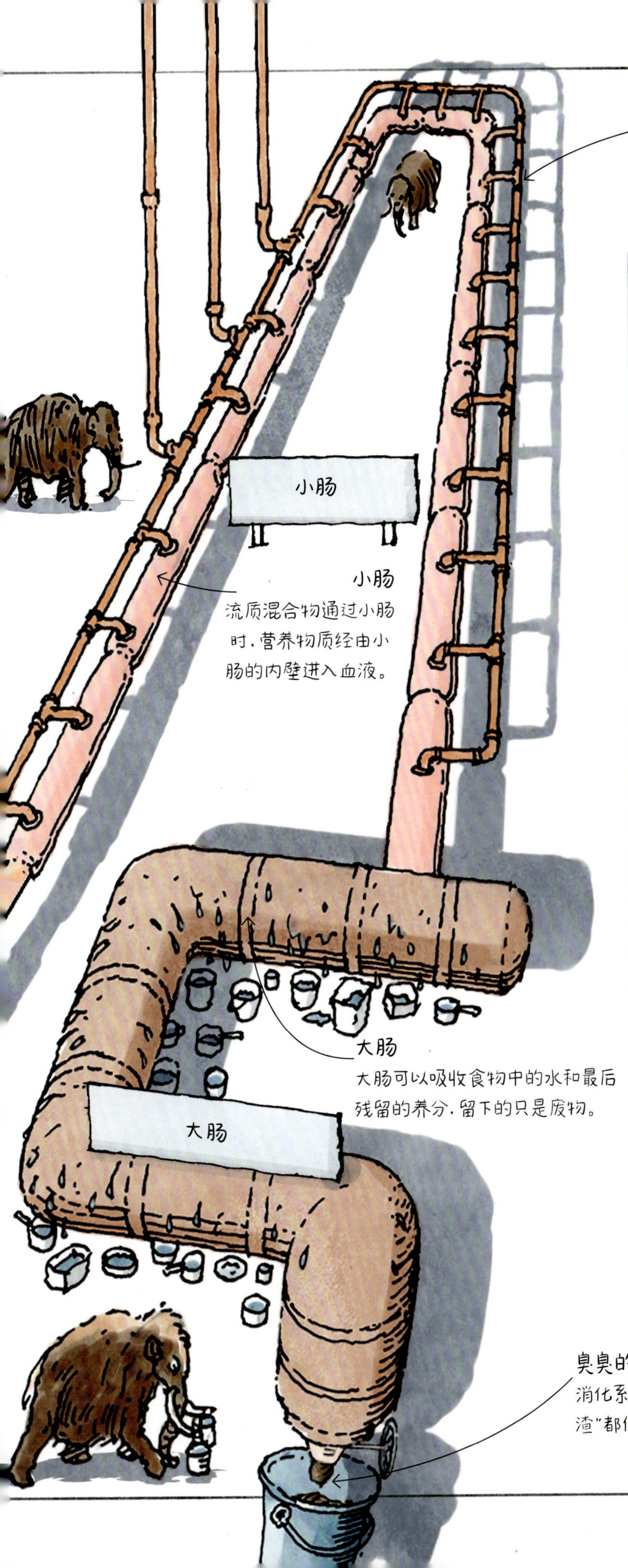

输送到血液

重要的营养物质，例如糖和维生素，将离开小肠并进入血液，然后输送到全身各个部位。

小肠

流质混合物通过小肠时，营养物质经由小肠的内壁进入血液。

大肠

大肠可以吸收食物中的水和最后残留的养分，留下的只是废物。

臭臭的结尾

消化系统无法利用的所有"残渣"都作为便便排出。

缓慢的过程

我们吞下肚的食物需要至少24小时才能完成整个消化过程，确切的时间取决于食物的类型。相比肉类，水果和蔬菜更容易被人体消化吸收，因此这些食物残渣排出的速度也更快。

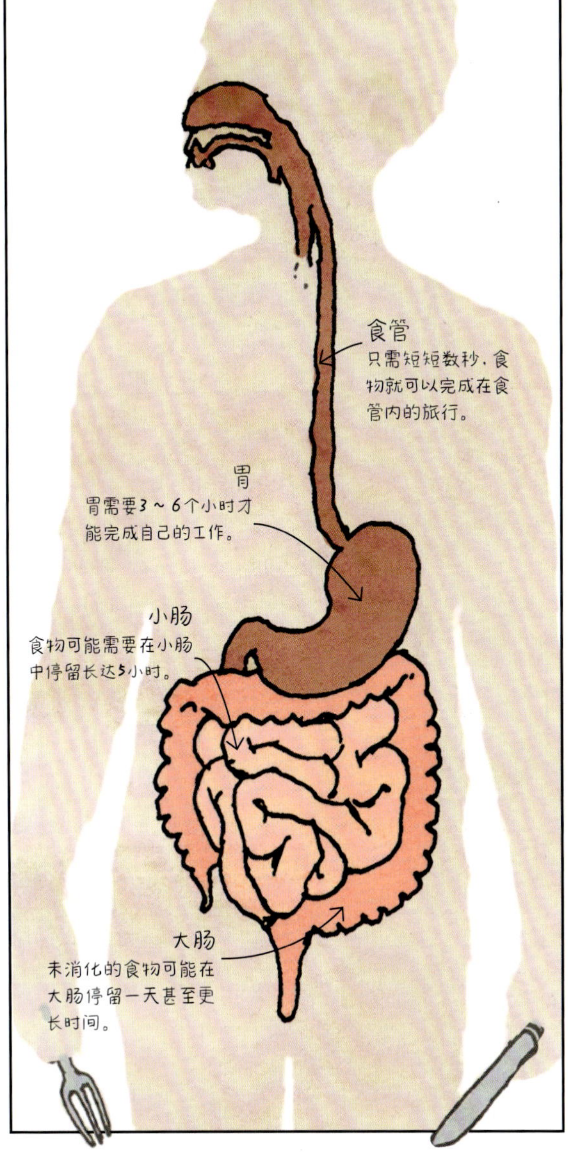

呼吸

人体细胞需要氧气才能发挥作用。将空气中的氧气送入血液，进而输送给身体各部位的细胞，这是肺的工作。肺是两个类似海绵的大袋子，可以吸入空气以获取氧气，并将空气排出，以释放二氧化碳废气。

呼吸

肺无法自己扩张或收缩，需要借助肌肉的力量才能完成呼气和吸气的过程。这些猛犸正在帮助肺部运动。不过，我们体内发挥类似作用的是称为膈肌的肌肉：膈肌收缩，肺部扩张，外部空气被吸入。

吸气……

膈肌是位于肺部下方的一层肌肉膜。膈肌收缩（变短）可以增加胸部的内部空间。通过外扩胸腔，肋骨之间的肋间肌肉也可以帮助呼吸。肺部扩张，吸入空气。

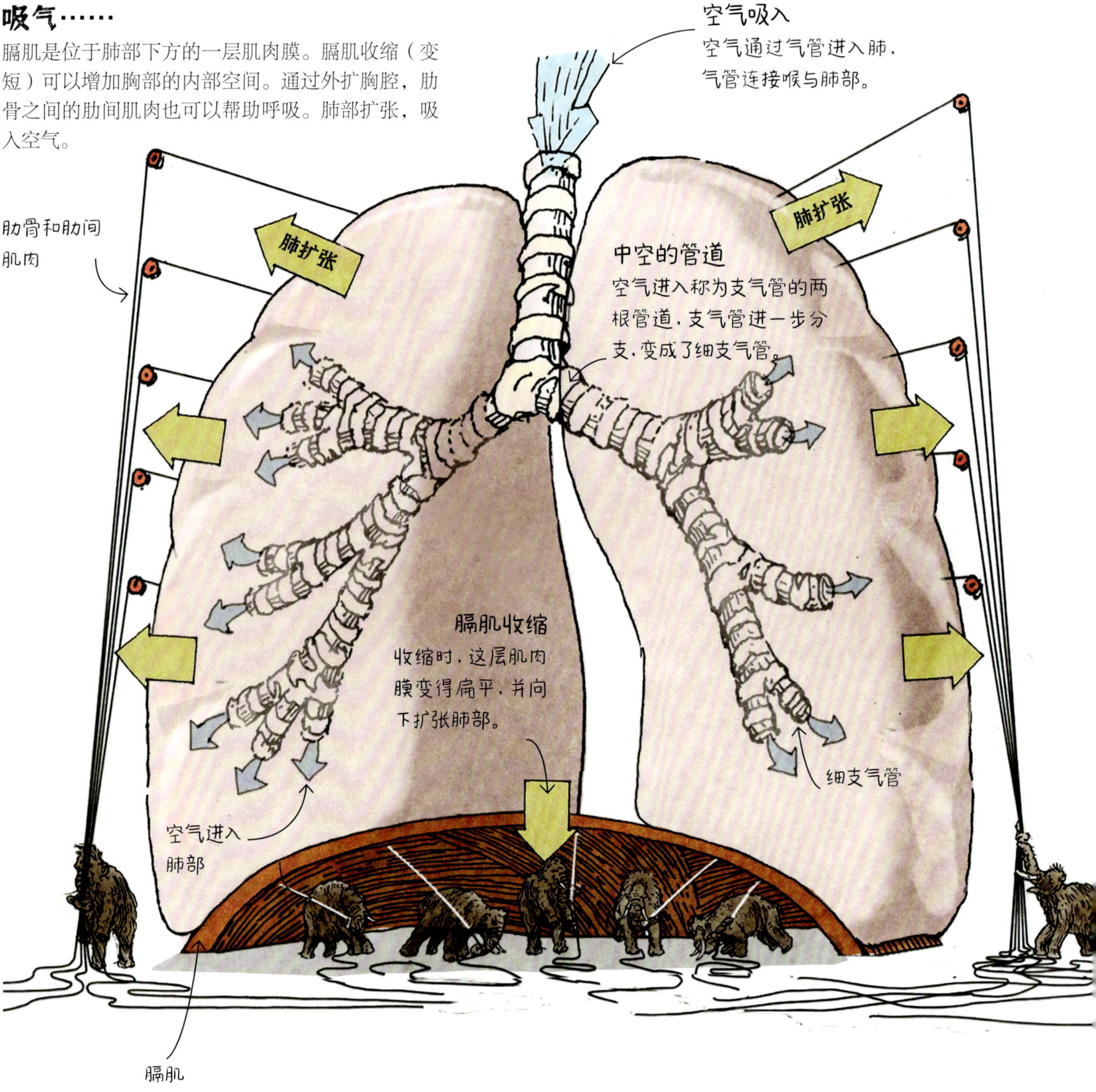

微小的气囊

肺中布满了称为肺泡的微小气囊，肺泡周围环绕着称为毛细血管的微小血管。在肺泡中，空气所含的氧气进入毛细血管（图中以红色表示），并通过血液流动输送到身体各部位；（蓝色表示的）二氧化碳废气离开毛细血管的血液，进入肺泡，然后呼出。

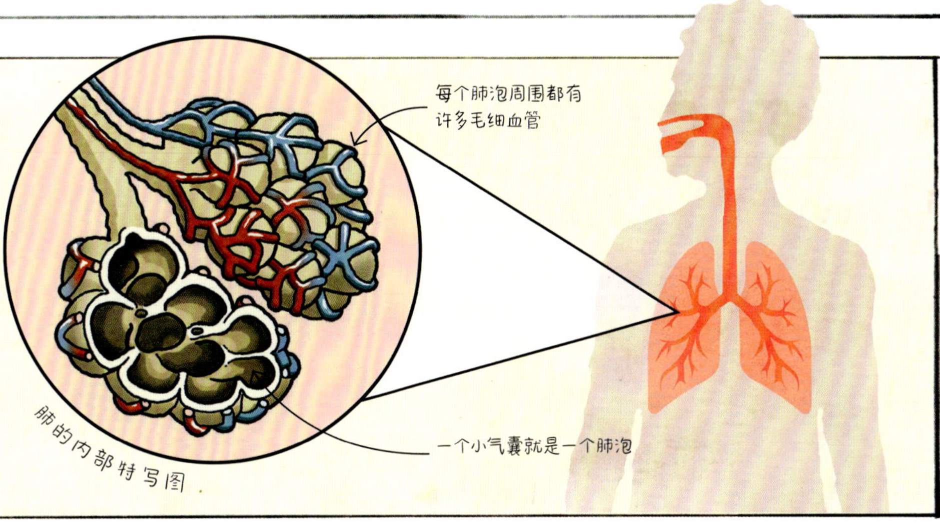

……呼出

放松时，膈肌恢复为向上隆起的形状，缩小了胸腔的空间，肺也随之收缩，空气被排（挤）出。

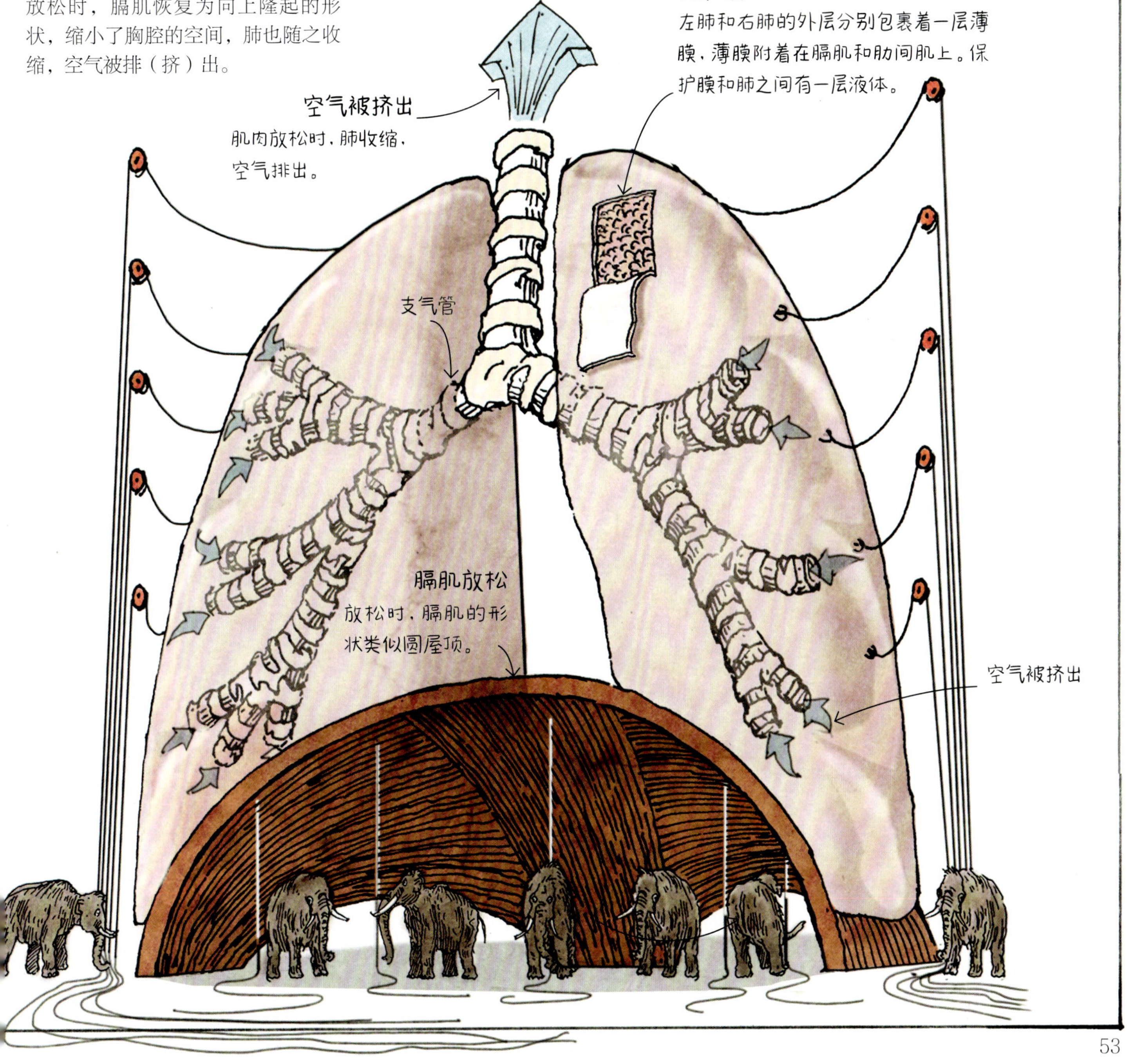

循环

我们的体内有数百万条血管，负责将氧气和营养物质输送到身体的各个部位。这个神奇而必要的网络称为循环系统。如果将一个成人体内的所有血管连为一条线，总长度或许能够绕地球两圈。试想一下，猛犸的身材如此庞大，它的血管有多长呢？

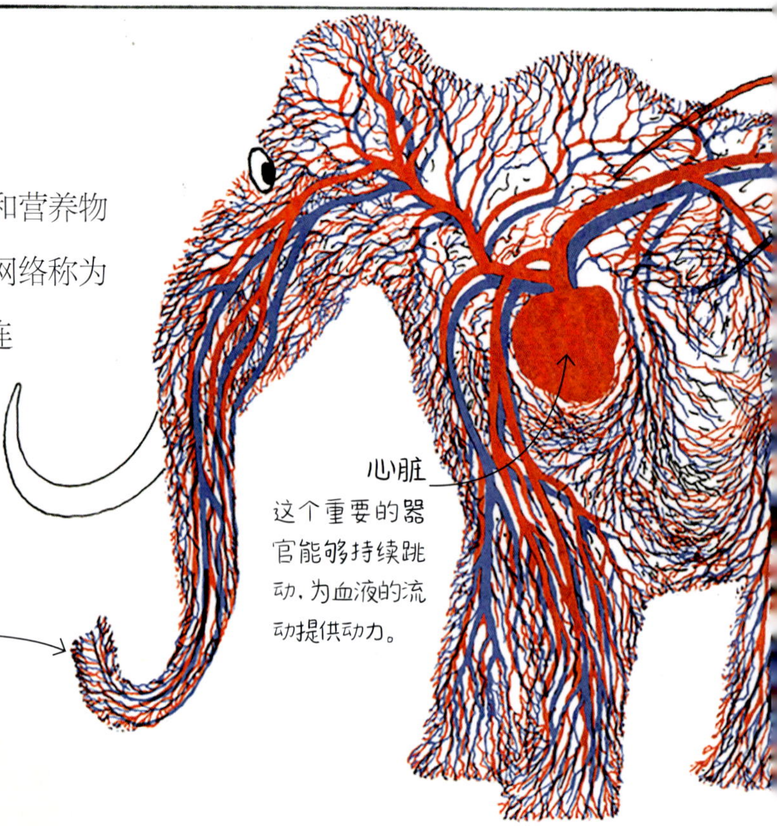

毛细血管

动脉和静脉通过称为毛细血管的微小血管联系在一起。毛细血管在人体血管中的占比高达98%，形成了遍布人体各部位和组织的分支网络。毛细血管的管壁只有一个细胞的厚度，因此血液可以将氧气和营养物质送入人体细胞，在人体细胞内发生反应，释放能量，满足细胞的需求。反应过程产生的废物（例如二氧化碳）返回毛细血管并被血液带走。

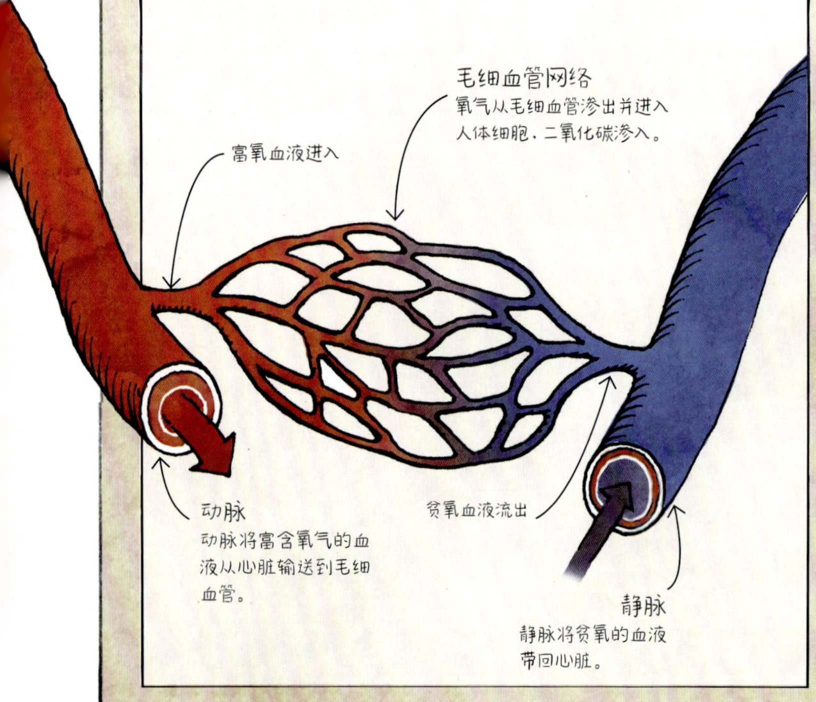

血管网络

心脏是人体循环系统的中心，由不知疲倦的特殊肌肉——心肌——构成，可以通过挤压将血液送到肺部，以收集重要的氧气，然后将富氧血液输送到身体各部位。输送氧气之后，血液开始向心脏回流，以便开始下一次循环。离开心脏的富氧血液在肌肉构成的动脉中流动，而从人体组织返回的贫氧血液通过管壁较薄的静脉返回心脏。

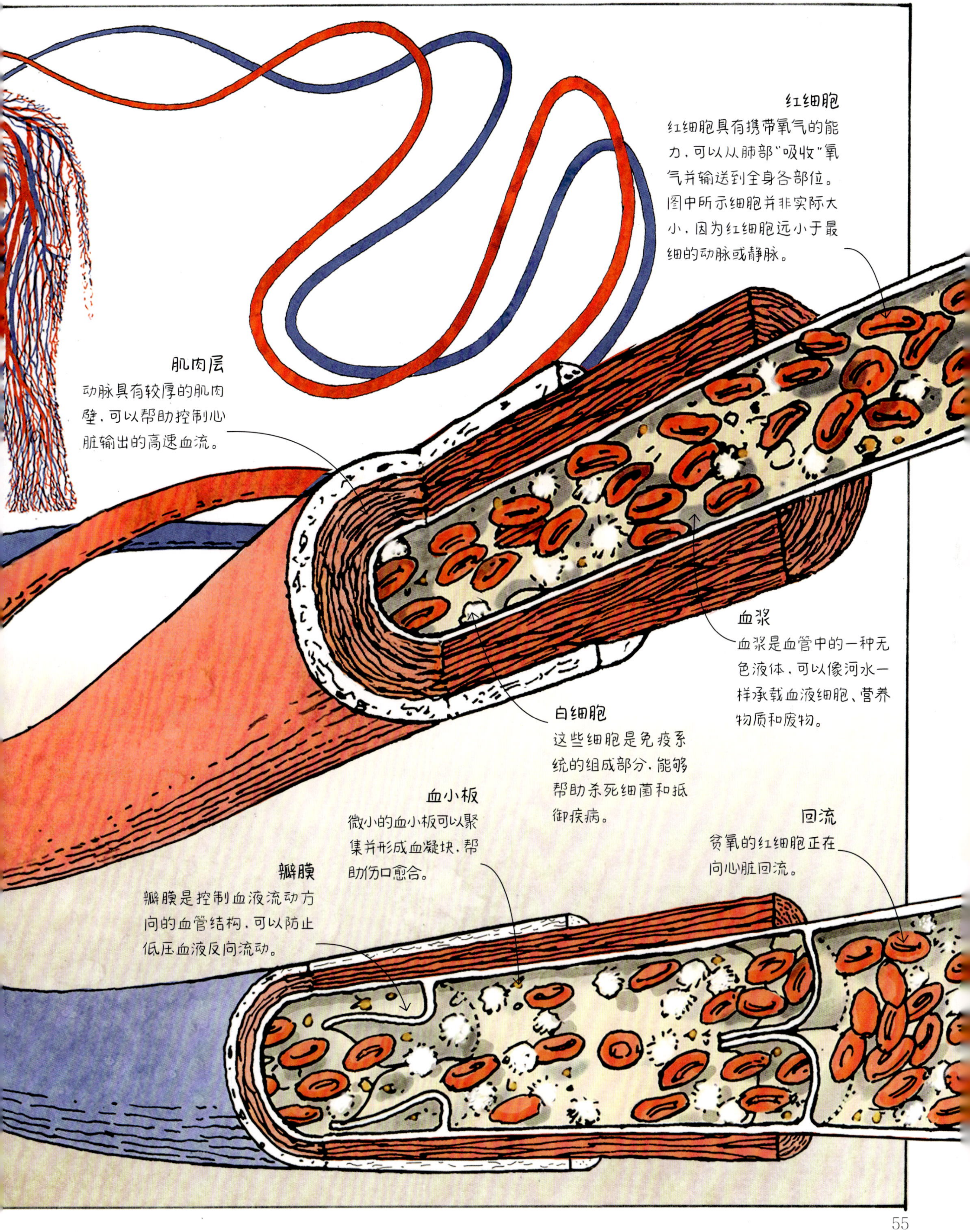
红细胞
红细胞具有携带氧气的能力，可以从肺部"吸收"氧气并输送到全身各部位。图中所示细胞并非实际大小，因为红细胞远小于最细的动脉或静脉。
肌肉层
动脉具有较厚的肌肉壁，可以帮助控制心脏输出的高速血流。
血浆
血浆是血管中的一种无色液体，可以像河水一样承载血液细胞、营养物质和废物。
白细胞
这些细胞是免疫系统的组成部分，能够帮助杀死细菌和抵御疾病。
血小板
微小的血小板可以聚集并形成血凝块，帮助伤口愈合。
回流
贫氧的红细胞正在向心脏回流。
瓣膜
瓣膜是控制血液流动方向的血管结构，可以防止低压血液反向流动。

废物处理

人类和猛犸一样，都会产生一些自己不喜欢甚至厌恶的产品。体细胞会持续生产废物，这些废物必须排出体外，以保持身体健康。废物可以随尿液和汗液排出，也可以在呼气时排出。粪便也是一种废物：粪便是没有（或无法）消化的食物，是消化系统产生的废物。

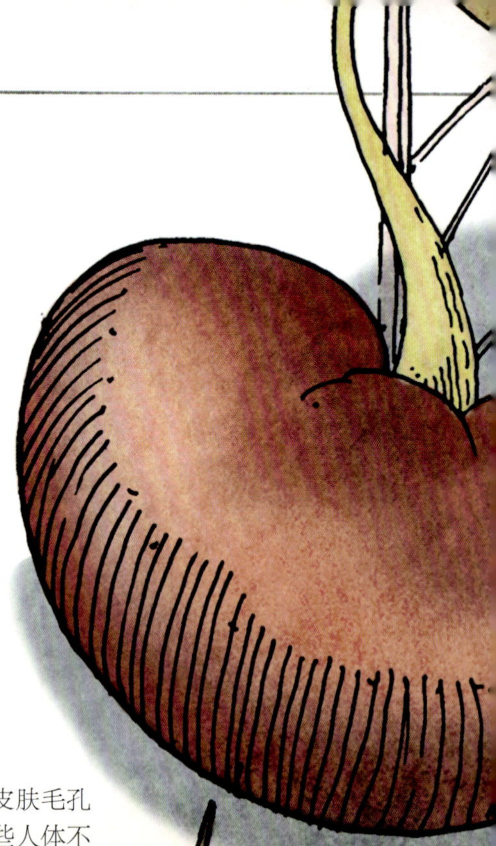

泌尿系统

肾脏和膀胱属于泌尿系统，可以清理血液中的废物。血液经过肾脏血管时，肾脏可以过滤血液中的有毒化学物质和多余的水，形成尿液。尿液通过两根输尿管流入膀胱——储存尿液的地方。充满尿液后，膀胱将向大脑发出信号，告知你前往卫生间排尿。最后，尿液通过尿道排出体外。

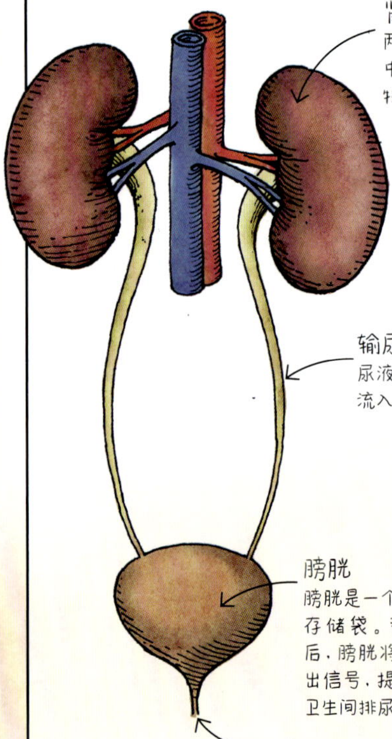

湿滑的汗液

如果身体感觉到热，我们的皮肤毛孔就会沁出汗水。汗液含有一些人体不需要的废物，例如多余的盐。

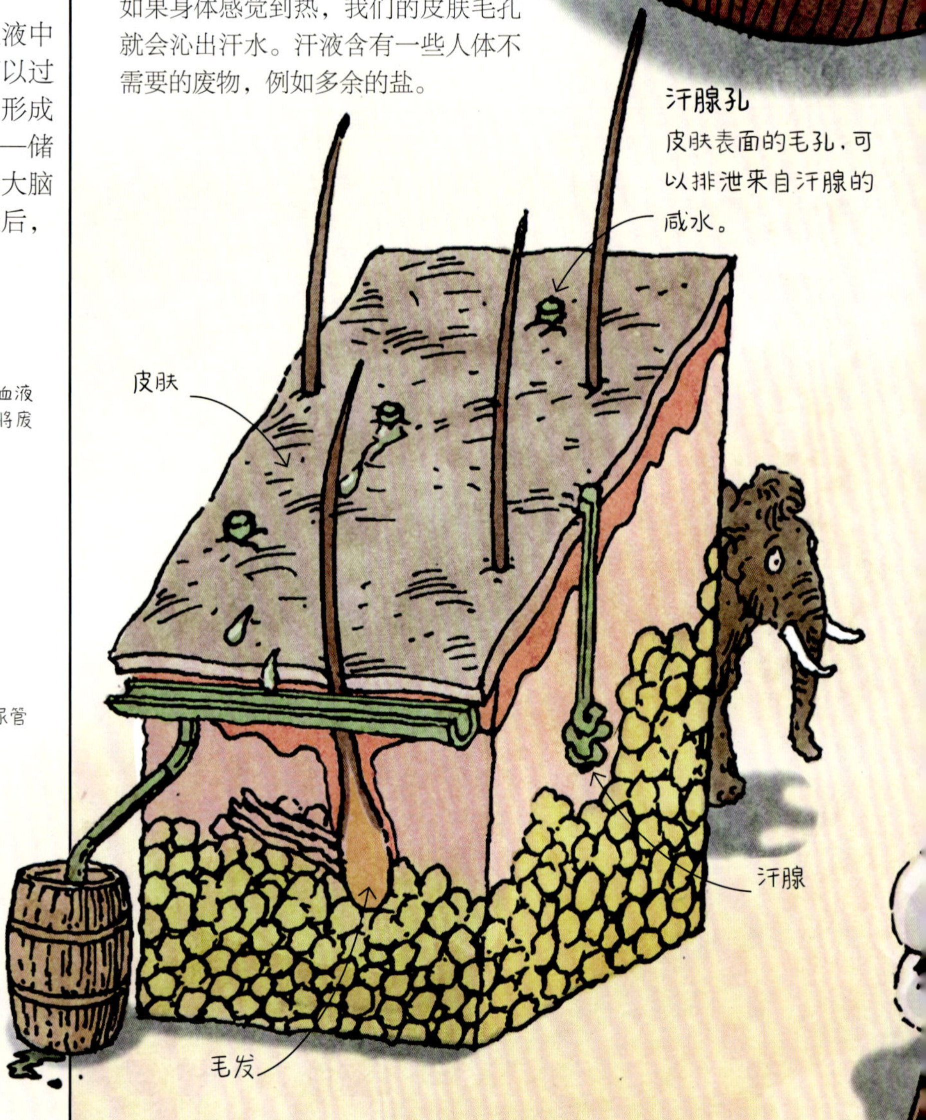

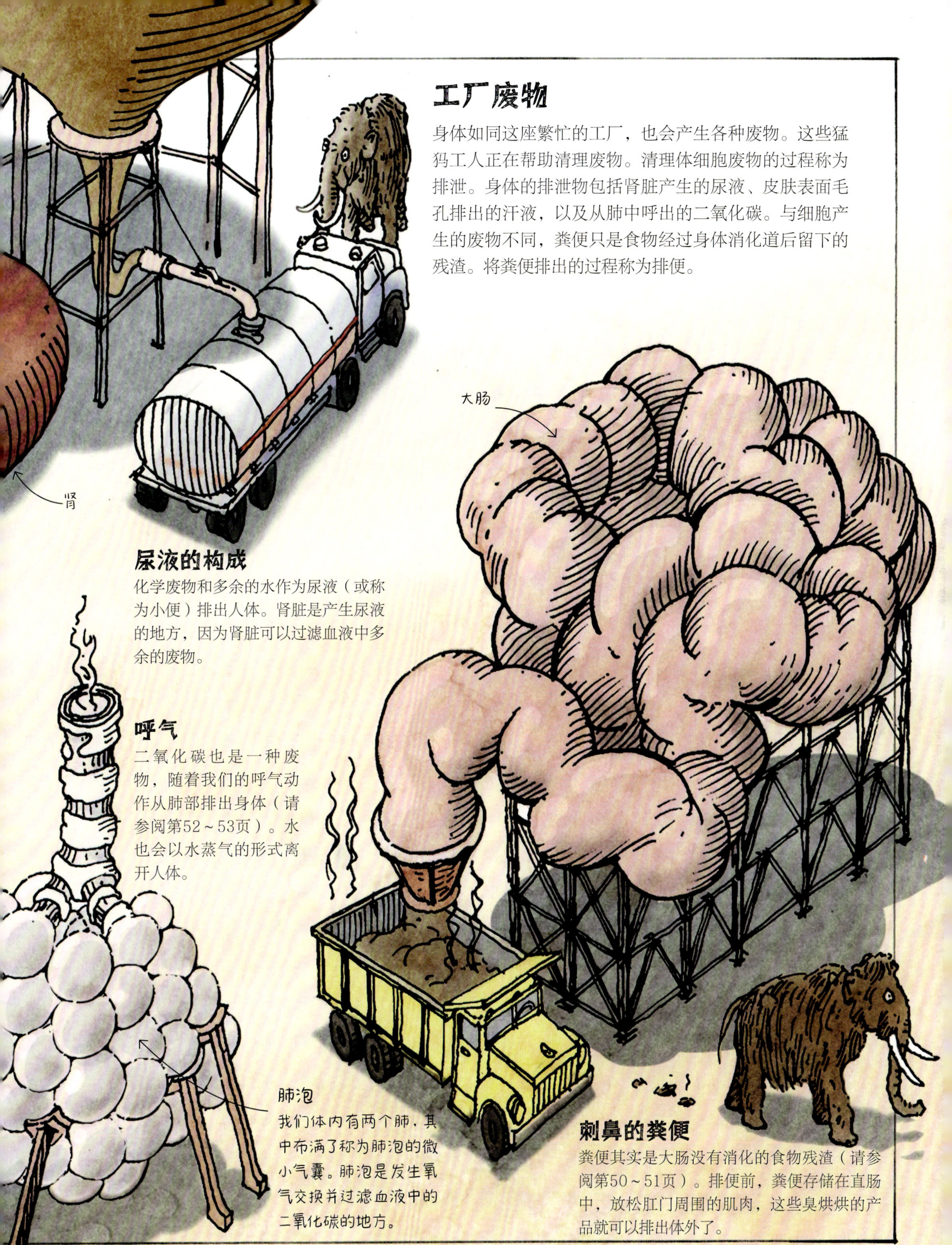

工厂废物

身体如同这座繁忙的工厂，也会产生各种废物。这些猛犸工人正在帮助清理废物。清理体细胞废物的过程称为排泄。身体的排泄物包括肾脏产生的尿液、皮肤表面毛孔排出的汗液，以及从肺中呼出的二氧化碳。与细胞产生的废物不同，粪便只是食物经过身体消化道后留下的残渣。将粪便排出的过程称为排便。

尿液的构成

化学废物和多余的水作为尿液（或称为小便）排出人体。肾脏是产生尿液的地方，因为肾脏可以过滤血液中多余的废物。

呼气

二氧化碳也是一种废物，随着我们的呼气动作从肺部排出身体（请参阅第52～53页）。水也会以水蒸气的形式离开人体。

肺泡

我们体内有两个肺，其中布满了称为肺泡的微小气囊。肺泡是发生氧气交换并过滤血液中的二氧化碳的地方。

刺鼻的粪便

粪便其实是大肠没有消化的食物残渣（请参阅第50～51页）。排便前，粪便存储在直肠中，放松肛门周围的肌肉，这些臭烘烘的产品就可以排出体外了。

骨骼

猛犸的皮肤下方是一副巨大而结实的骨架。骨架由骨骼组成，而骨骼是一种坚硬的生物组织。猛犸的骨骼可能远大于人类，但与人类骨骼的作用完全相同：保护心脏和肺等柔软的内部器官，并且能够与肌肉和肌腱协作，帮助身体四处移动。

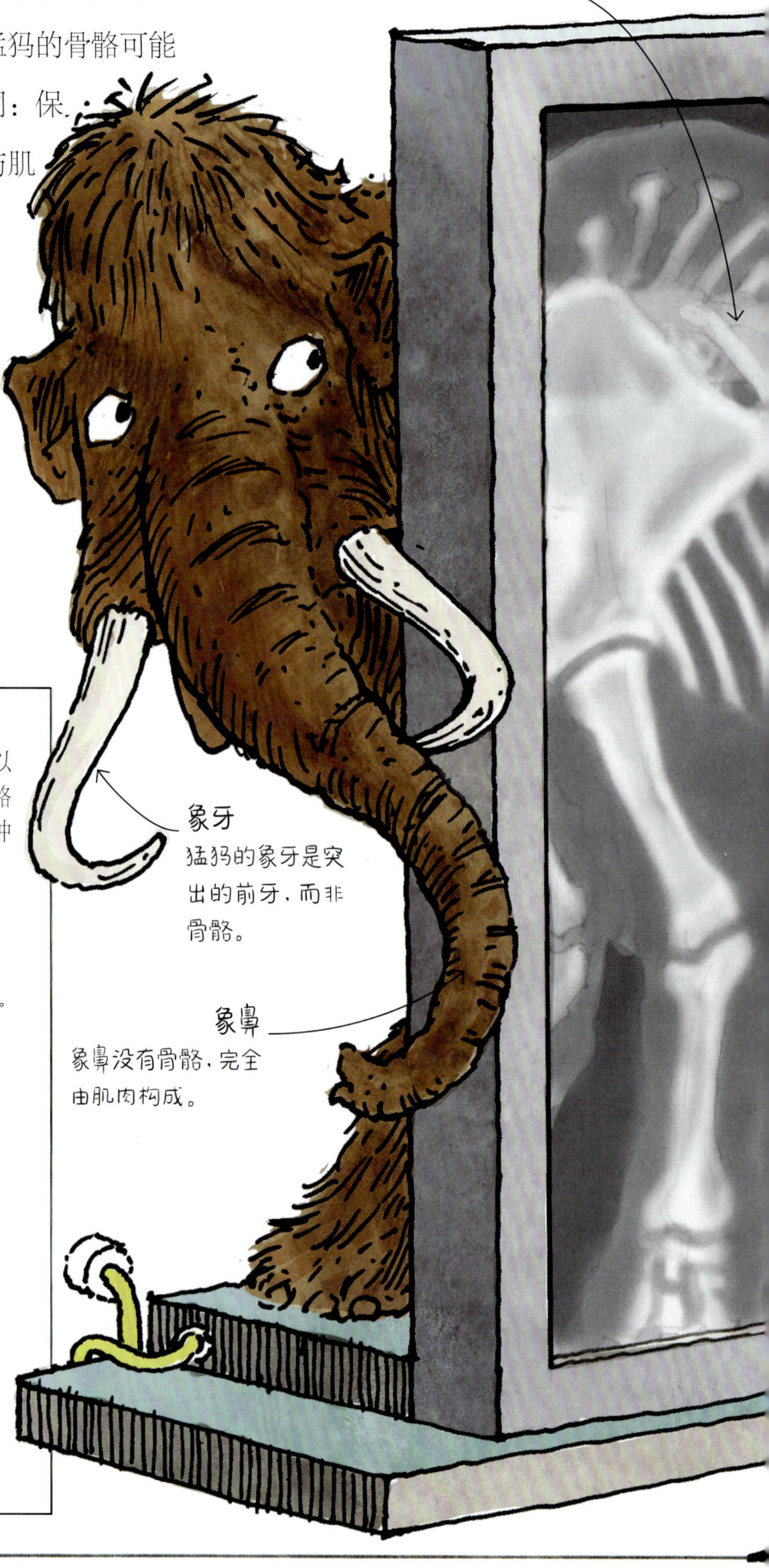

骨架

猛犸庞大的骨架包括300多块骨骼。在这台巨型X射线机神奇光线的照耀下，猛犸显出了骨骼的形状。X射线可以穿透皮肤和肌肉等软组织，但无法透过致密的骨骼，因此骨骼显示为白色的阴影。

骨骼的构成

骨骼必须结实而坚硬，但同时必须非常轻便，以支撑我们的身体又不会限制我们的移动。在骨骼内部，交叉的骨柱之间充满了空隙，形成了一种轻巧坚实的结构。

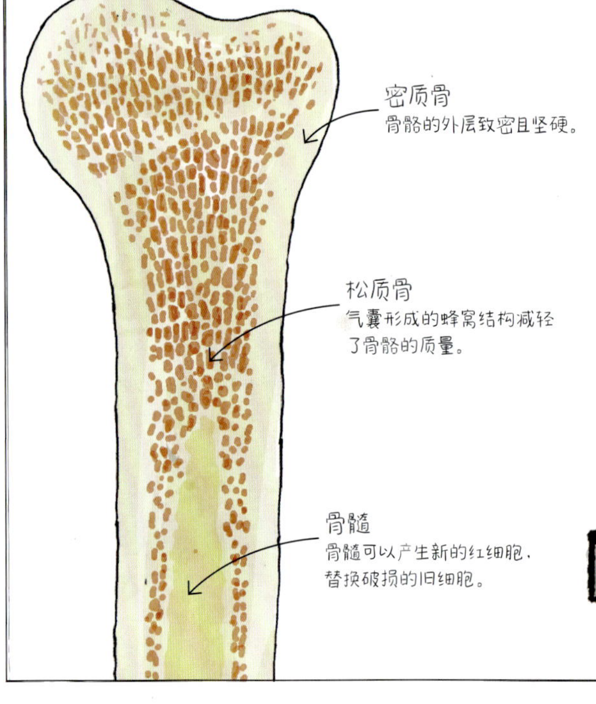

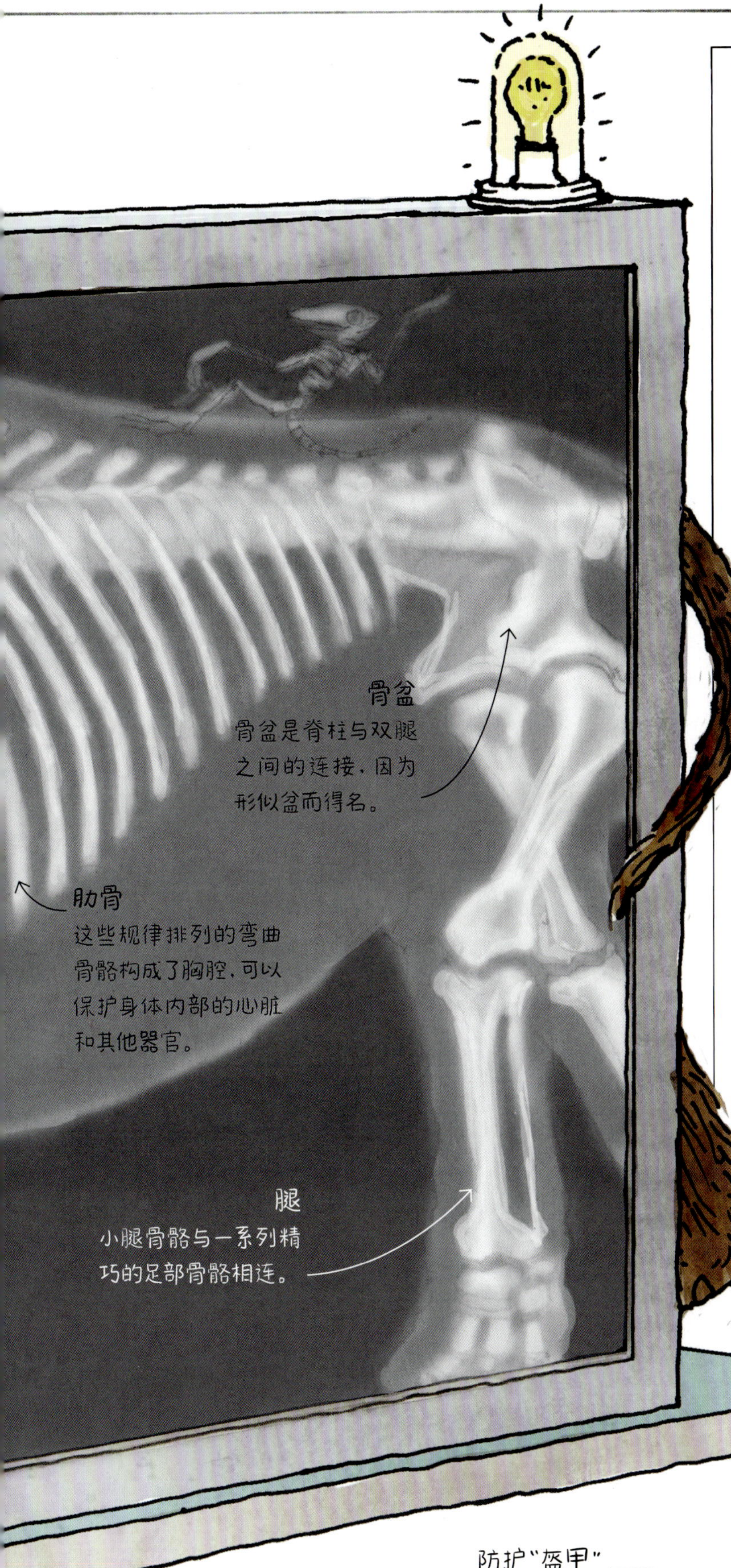

骨盆

骨盆是脊柱与双腿之间的连接，因为形似盆而得名。

肋骨

这些规律排列的弯曲骨骼构成了胸腔，可以保护身体内部的心脏和其他器官。

腿

小腿骨骼与一系列精巧的足部骨骼相连。

关节

骨架不仅不是骨骼的简单胡乱堆砌，而且具有精密的关节连接结构，以保证骨架的稳固和灵活。关节包括多种不同的类型，可以满足关节两侧骨骼的上下、左右或环形移动需要。

枢轴关节

枢轴关节允许一侧骨骼环绕关节移动。颅骨与脊椎的连接就是枢轴关节，因此猛犸的头可以向左和向右转动，防备饥饿的剑齿虎的捕食。

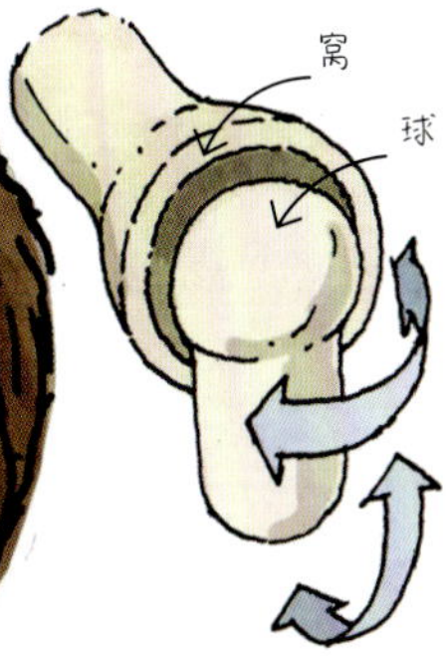

球窝关节

球窝关节也是一种关节，其中一侧骨骼的末端形成了窝，另一侧骨骼末端为球形。猛犸的肩部和臀部关节都是球窝关节，目的是保证四肢的灵活移动。

屈戌关节

屈戌关节支持两侧骨骼弯曲或伸直。凭借屈戌关节构成的膝盖，猛犸能够摆动腿部并灵活地移动。

防护“盔甲”

有些动物没有骨骼，取而代之的是坚硬的外壳或外骨骼。坚硬的外壳也可以保护柔软的内部。

肌肉

如果没有了可以移动骨骼的肌肉，结实而灵活的骨架也将失去用武之地。这些成束的肌肉组织可以收缩（变短），牵引骨骼移动。人体包括650多块肌肉，其中多数成对存在。这些猛犸正在锻炼身体，同时展示了人类上臂肌肉对——肱二头肌和肱三头肌——的工作过程。

肌肉对

肌肉通过收缩——肌肉纤维聚集而变短——来发挥作用。这意味着肌肉只能拉动，无法推动，因此关节可以在成对肌肉的作用下沿相反的两个方向运动：成对肌肉的其中之一收缩，牵动骨骼朝某个方向移动；然后，另一块肌肉收缩，牵动骨骼反向移动。

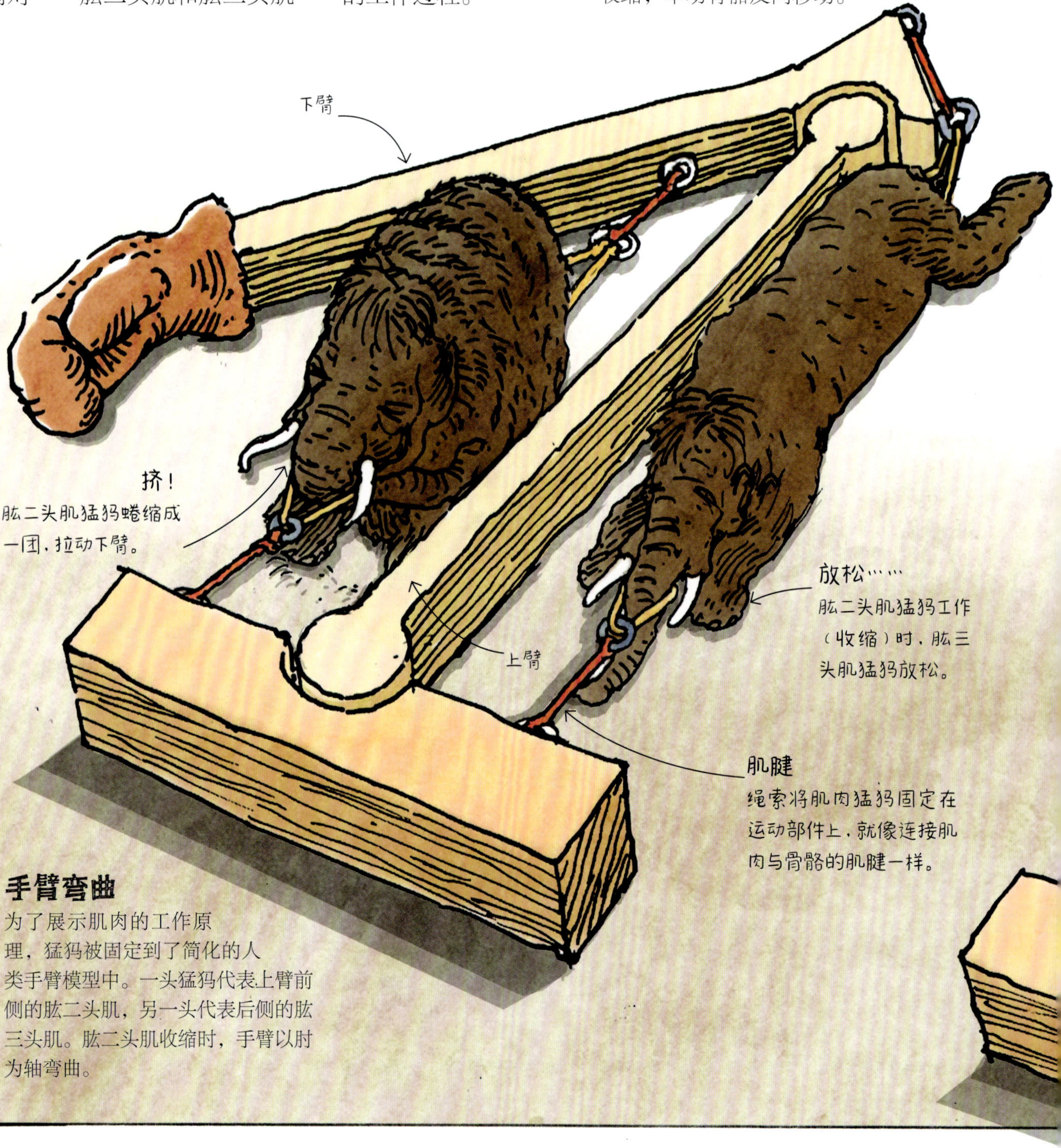

手臂弯曲

为了展示肌肉的工作原理，猛犸被固定到了简化的人类手臂模型中。一头猛犸代表上臂前侧的肱二头肌，另一头代表后侧的肱三头肌。肱二头肌收缩时，手臂以肘为轴弯曲。

手臂伸直

肱二头肌只能通过收缩牵引骨骼（弯曲上臂），无法推动骨骼反向移动（伸直手臂）。肱三头肌则与之相反。

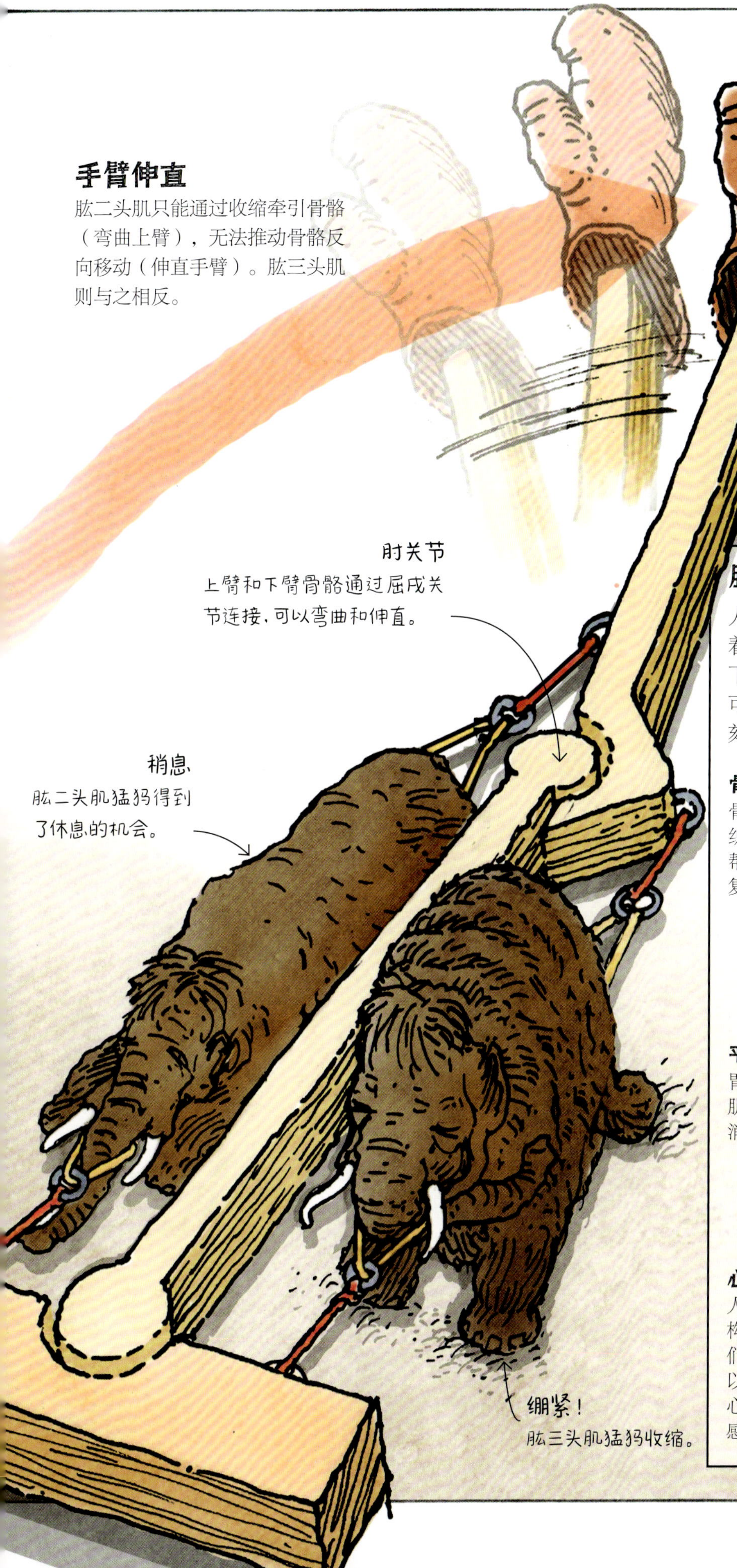

肌肉类型

人体肌肉主要分为3类。骨骼肌附着在骨骼上，在意识的控制下运动；其他类型的肌肉可以自主工作，无需我们刻意关注。

骨骼肌

骨骼肌借助称为肌腱的坚韧组织附着在骨骼表面，通过收缩帮助身体移动，但长时间的重复动作会引发肌肉疲劳。

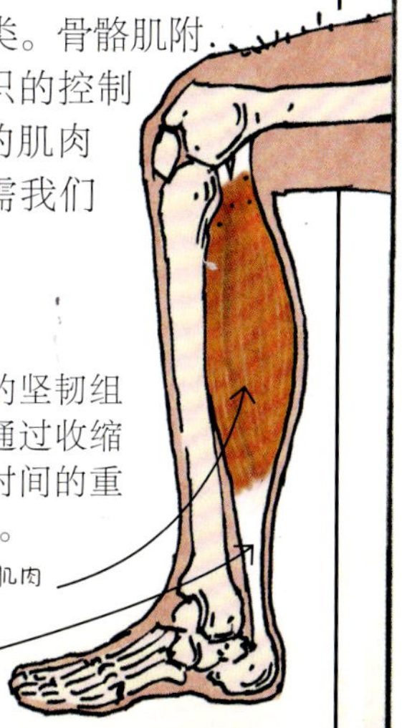

平滑肌

胃和肠的内壁就是平滑肌。这种肌肉可以自动收缩，推动食物沿消化系统移动。

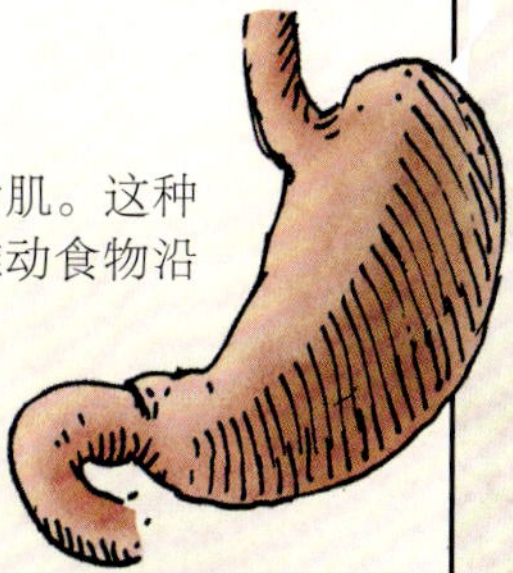

心肌

人类的心脏是一台由心肌构成的“永动机”。在我们的一生中，这种肌肉可以规律地自动收缩，保持心脏的持续跳动，从不会感觉疲倦。

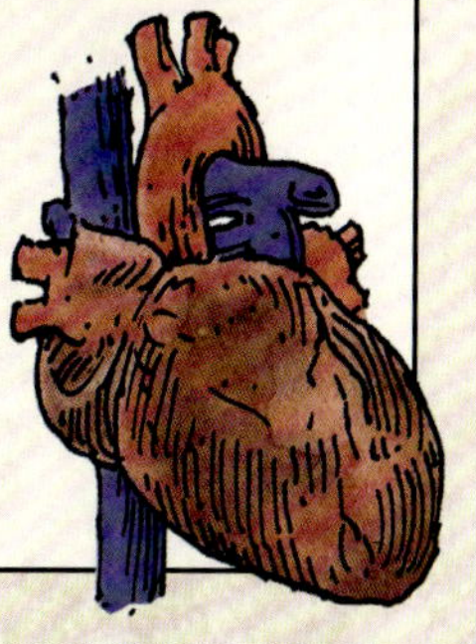

神经系统

在神经系统的控制下，动物可以感知周围的环境并瞬间做出恰当的响应。数十亿的神经细胞（称为神经元）首尾相连，构建了一个超高速通信网络。在这个网络中，以电流的形式，神经冲动能够眨眼间完成覆盖身体任意部位的信息传送。

感知和反应

在身体甚至没有意识到的情况下，神经系统控制着许多过程，包括呼吸和消化过程。但是，有些反应是受意识控制的：这头猛犸发现灌木丛中潜伏着一只饥饿的捕食者，它的神经系统几乎同时发出了应对指令。

控制与通信

人类的神经系统分为两部分：大脑和脊髓组成的中枢神经系统（CNS），以及在全身神经网络传递信号的周围神经系统。感觉神经以信号的形式向大脑发送感受器收集的信息，而运动神经以信号的形式向肌肉和器官发送大脑指令。

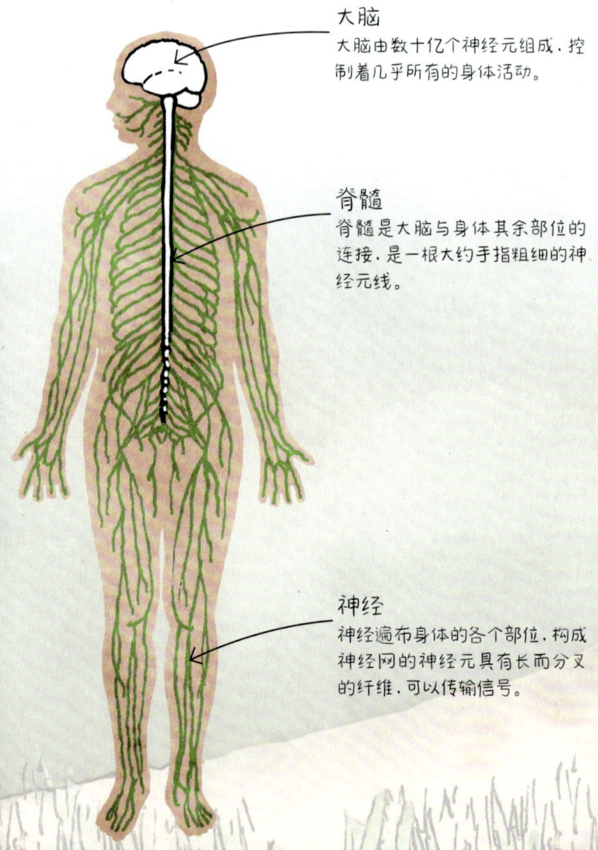

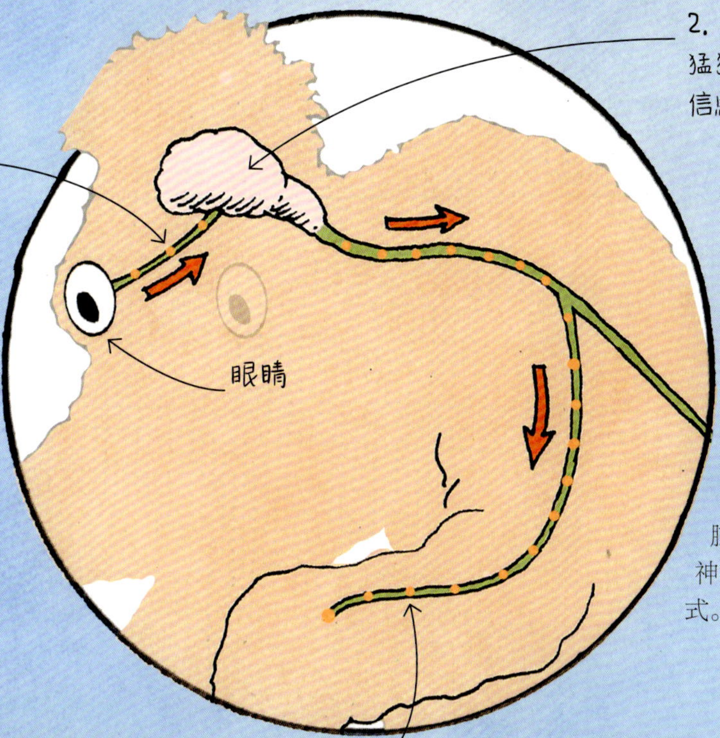

快速反应系统

猛犸能够迅速地做出反应，因为信息沿神经传播的速度非常快。首先，眼睛收集到的信号沿感觉神经传递到大脑，大脑立即处理信息，然后沿运动神经发送指令信号，指示肌肉的运动方式。所有的一切都可以在几乎瞬间完成。

神经细胞

神经元以电脉冲的形式传递信息，速度高达400千米/时。信号沿细胞的长线轴突传递给下一个神经元。两个神经细胞相遇的位置是一个称为突触的微小结构，依靠突触实现两个神经细胞之间的信号传递。

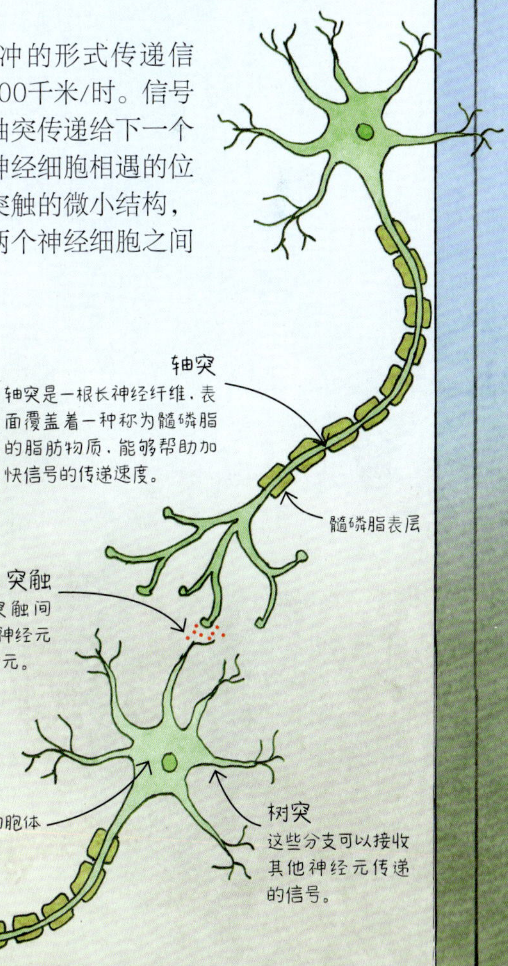

感知危险

猛犸的感觉器官不断向大脑发送信息，以便大脑解读猛犸在周围环境中看到、听到、感觉到和闻到的事物。这些感官信息可以差不多实时传递给大脑，方便猛犸尽快做出反应。

眼睛

眼睛是一个神奇的器官，可以捕获周围的环境光，帮助大脑直观了解周围的事物。从小象鼩到人类再到硕大的长毛猛犸，所有哺乳动物的眼睛都十分类似：光通过称为瞳孔的小孔射入，然后在感光视网膜表面聚焦。

眼睛内部

下页的横截面示意图显示了眼睛成像的过程。光进入眼睛并穿过称为晶状体的透明双凸面组织，晶状体可以让光线弯折（请参阅第91页）聚焦，在眼球后方的视网膜表面形成清晰但上下颠倒的图像。视网膜的光敏细胞可以将图像转换为神经冲动信号，然后将信号发送给大脑。大脑可以处理图像信号：翻转，获得与实际一致的图像。

大小可变的瞳孔

虹膜是一个肌肉环，中央的孔称为瞳孔。虹膜的形状变化能够调整瞳孔的直径，控制进入眼睛的光线数量。

小瞳孔
在非常明亮的环境中，瞳孔变小，以减少射入眼睛的光线并保护视网膜。

大瞳孔
在昏暗的环境中，瞳孔变大，以增加进入眼睛的光线，帮助增强视力。

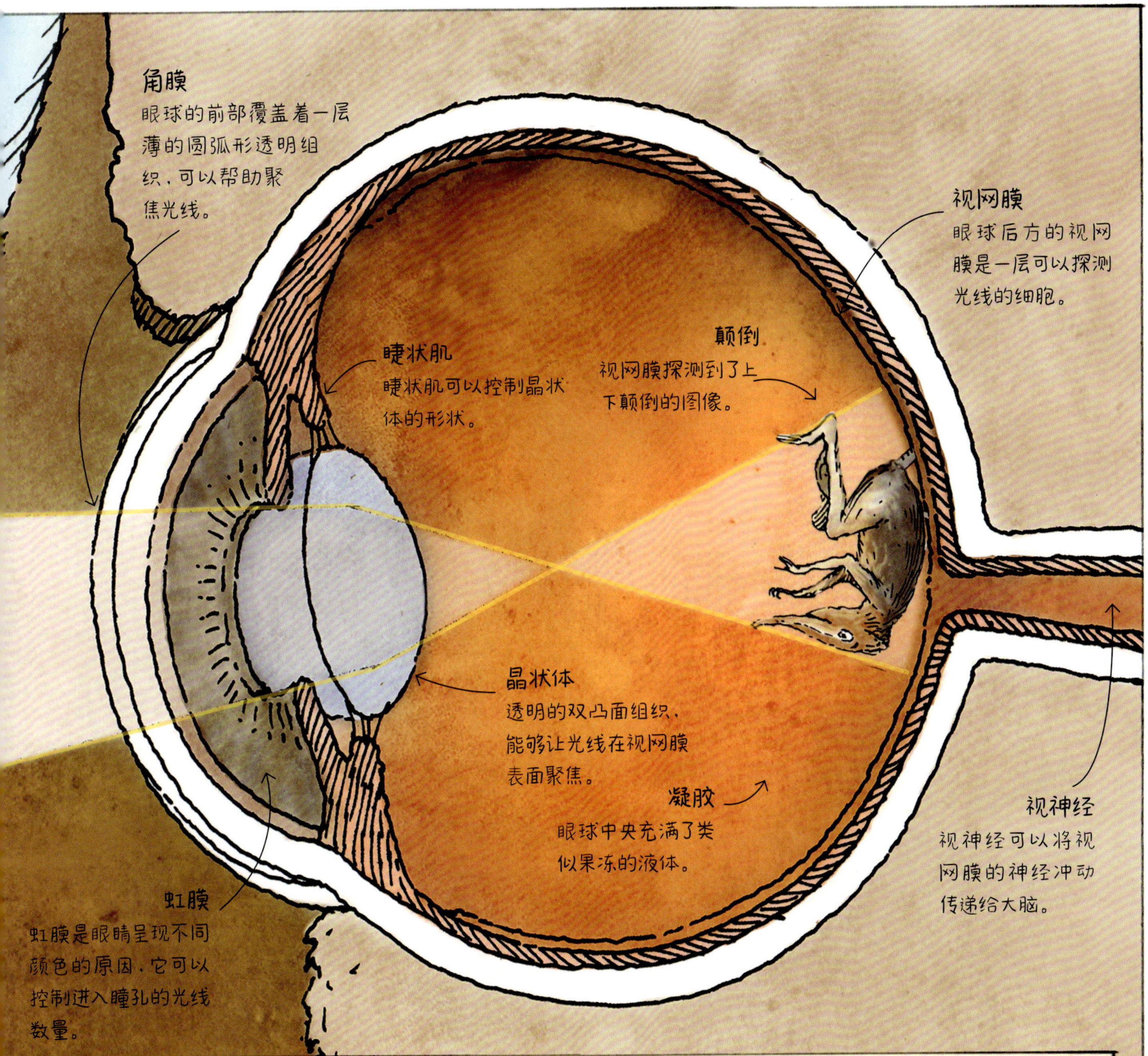

聚焦光线

眼睛的晶状体是一个柔软且透明的双凸面组织，可以让光线在视网膜表面聚焦。想要看清楚不同距离的物体，晶状体必须改变形状。附着在晶状体上的睫状肌可以自动松弛，让晶状体变薄，以便聚焦来自远处物体的光线；或收缩，让晶状体变厚，以聚焦近处物体的反射光。肌肉可以不断调整，以微调光线的焦点。

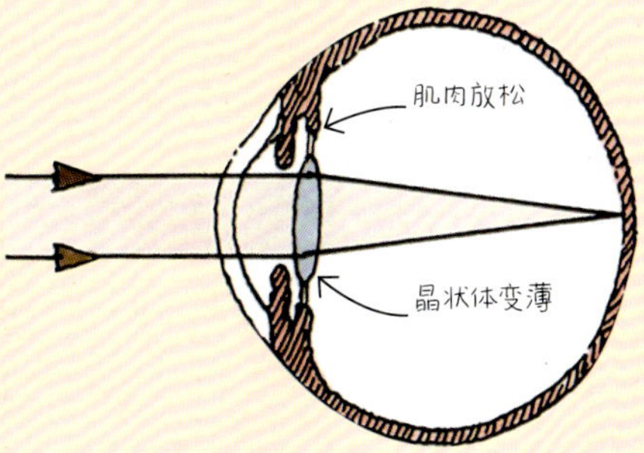

观察近距离物体

为了看清楚远处的物体，眼球需要放松睫状肌，让晶状体变薄。这样，远处的物体可以在视网膜表面形成清晰的图像，近距离物体的图像将变得模糊。

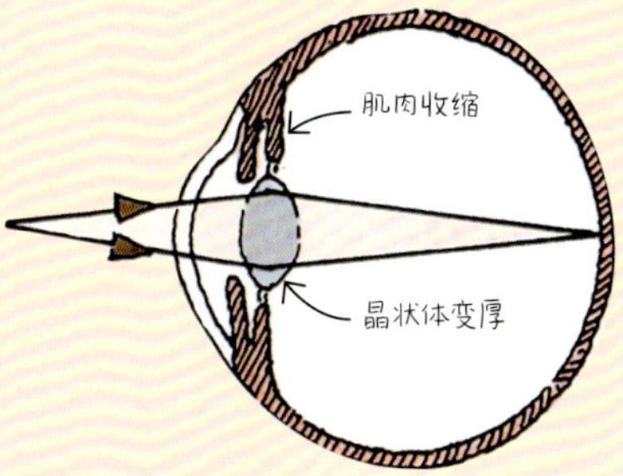

观察近距离物体

要看清楚近处的物体，睫状肌收缩，晶状体变厚，近距离物体变得清晰，远处的物体变得模糊。

耳朵

相比人类，猛犸的耳朵要大得多。虽然大小和形状不同，但这些耳朵具有类似的功能和工作方式：将声波转换成大脑可以理解的信息。猛犸头部两侧毛茸茸的耳郭（外耳）其实只是一个入口，真正的工作全部在内部完成。

如何听到声音

声波进入耳道，引发鼓膜振动。然后，振动传入中耳，被3块听小骨放大后继续传递到内耳。内耳的耳蜗将振动转换为神经冲动，进而通过听觉神经传递给大脑。

感知运动

内耳的半规管内充满了液体，液体可以因为头部的运动而移动，并向大脑发送神经冲动，帮助大脑确定身体位置，防止我们跌倒。

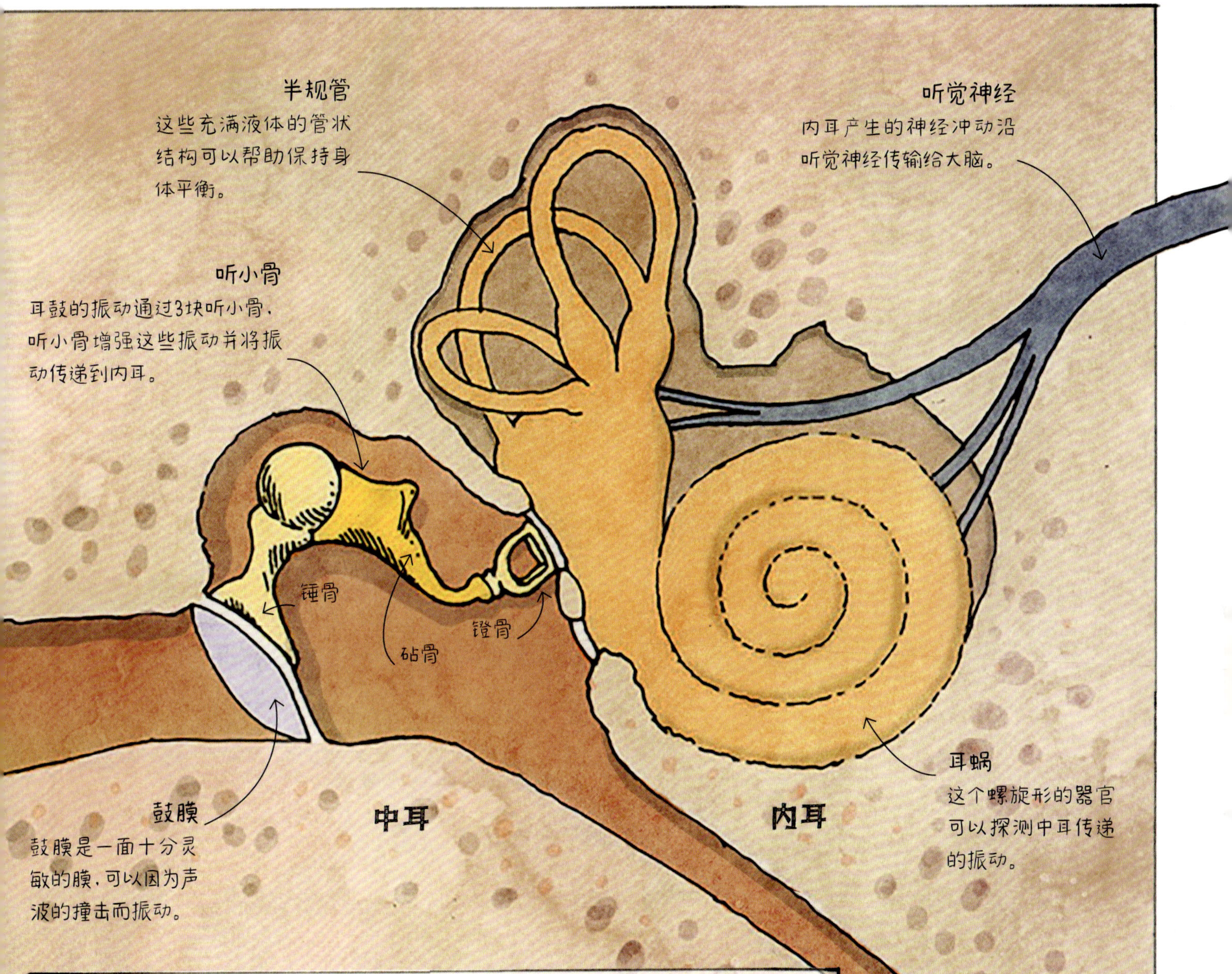

耳蜗内部

耳蜗是内耳中的一根螺旋形管，其中充满了液体，还长着微小的毛细胞。毛细胞能够检测液体传递的振动，并将振动转化为神经冲动。神经冲动沿听觉神经传输到大脑。

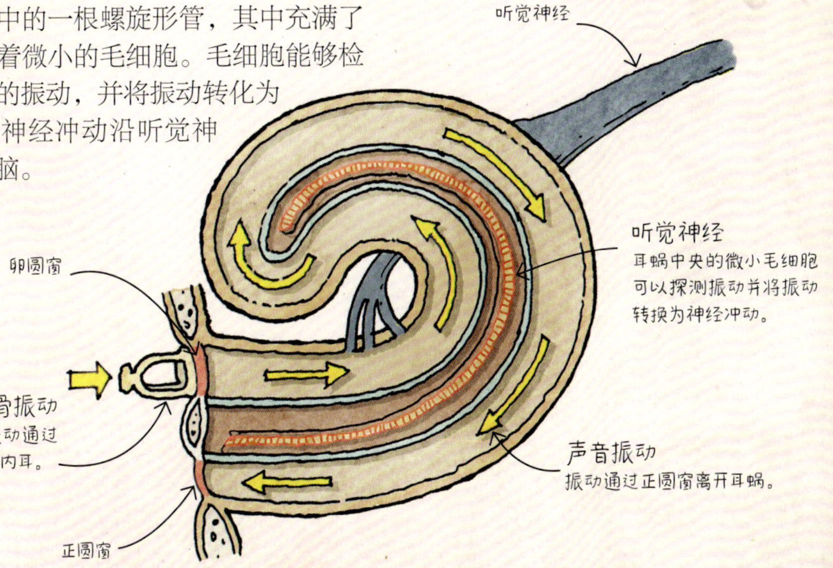

身体防御

生物的身体总是面临着各类病菌（细菌和病毒等有害微生物的统称）的侵袭。幸运的是，身体发展出了多种手段来抵御这些入侵者。皮肤是身体的第一道防线，如同御敌于外的宏伟城墙。在身体内部，唾液、眼泪和各种黏液能够帮助清理任何入侵者。如果狡猾的入侵者逃过了这些液体防御措施，身体的免疫系统还可以派遣大量的免疫细胞。免疫细胞如同军队一样，能够精准搜寻并杀死敌人，帮助身体恢复健康。

免疫系统

身体的屏障十分有效，但也无法保证将所有的入侵者拒之门外。免疫系统能够抵御进入身体的细菌，并构建防御潜在感染的免疫能力：免疫系统能够识别入侵的病原微生物，然后产生抗体。抗体是专门针对特定病菌的一类蛋白质。

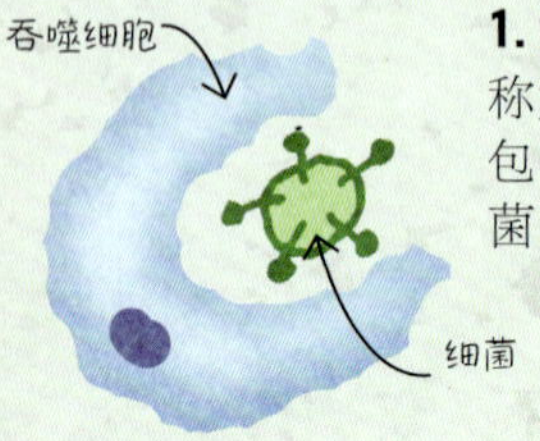

1. 第一响应
称为吞噬细胞的白细胞包围并吞噬侵入的细菌，消灭入侵者。

2. 辨别
另一种称为淋巴细胞的白细胞可以辨识细菌，并产生对应的抗体。

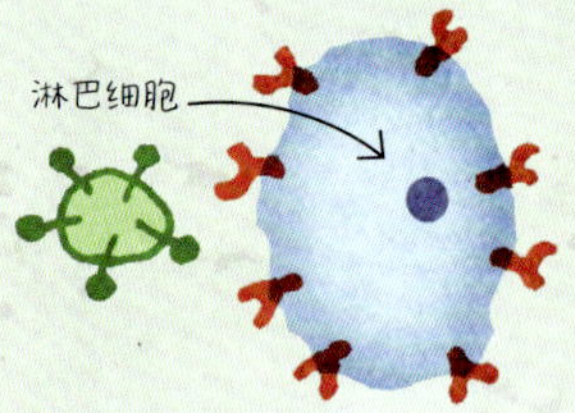

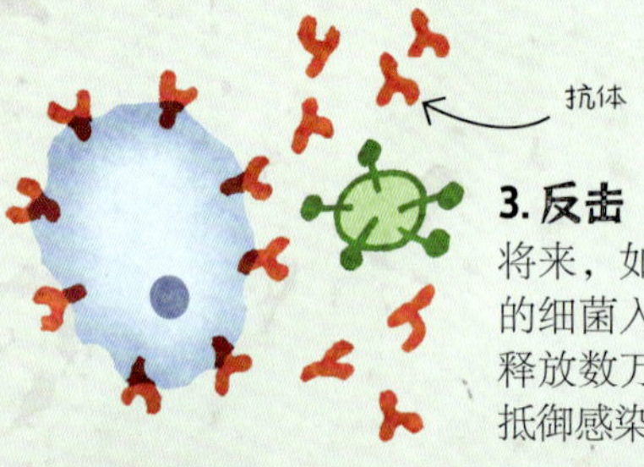

3. 反击
将来，如果遭遇相同的细菌入侵，身体将释放数万亿的抗体来抵御感染。

猛犸堡垒

猛犸硕大的身躯如同一座巨大的城堡，配有阻止入侵者的全面防御系统。图中的入侵者是象鼩，而身体实际防御的对象是小得多的敌人——细菌和病毒等微生物。

生长

所有生物都在不断地生长变化。动物经历出生、生长发育、繁殖和死亡的过程称为生命周期。动物幼崽看起来大多是父母的缩小版，但它们的身体会随着时间推移而经历重要的变化。

幼儿期

新生哺乳动物需要父母提供食物和保护。它（们）的身体迅速成长，智力同样突飞猛进：认识了解周围的世界，学习生存的本领。

青年期

成长速度减慢，但发育并没有停止，它们变得更加独立，开始单独寻找食物和应对危险。

变态

成年的过程中，哺乳动物的身体会不断变大。不过，有些动物能够彻底改变身体形态和生活方式。这种全面的转变称为变态。无论形态还是习性，变态前后的生物几乎截然不同，很有可能被误认为不同的物种。蝴蝶是最著名的具有变态行为的动物之一：变态之前，美丽的蝴蝶是一只丑陋且只能爬行的毛毛虫。

卵

蝴蝶在叶子背面产下微小的卵。叶子背面的卵不易被发现，因此相对安全。

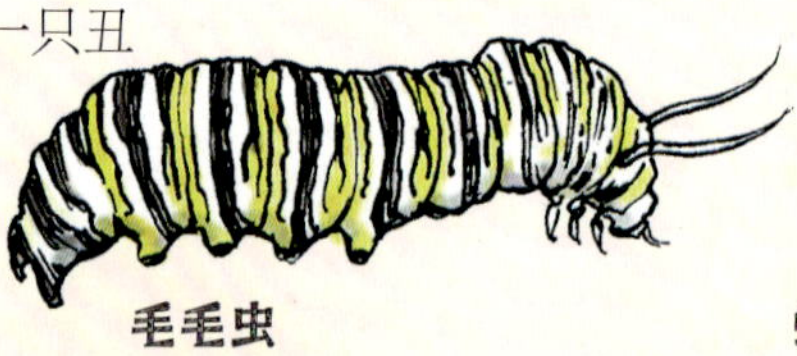

毛毛虫

从卵中孵出后，毛毛虫立即开始持续不断地进食和生长。

蛹

停止生长后，毛毛虫就会形成一个具有硬壳的蛹。

蝴蝶

在蛹中，毛毛虫将完成变态。数周后，一只蝴蝶破茧而出。

生命的阶段

猛犸幼崽的成长幅度十分惊人。其实，与包括人类在内的所有哺乳动物一样，刚出生的猛犸是个小不点，然后逐渐长大，直到性成熟的成年为止，那时，它们将开始生产自己的后代。

完全长成

成年个体的体形和力量已经达到顶峰，骨骼停止了生长。身体已经性成熟并做好了生育后代的准备，新的生命周期即将开始。

晚年

晚年个体的骨骼和肌肉变得虚弱，关节变得僵硬，皮肤也失去了弹性并松弛下垂。视力和听力可能下降。总之，猛犸进入了生命周期的末期。

胎盘哺乳动物

猛犸、象鼩及人类都属于胎盘哺乳动物：借助称为胎盘的器官，胎儿可以在母亲体内生长发育，直到准备好出生为止。

繁殖

一头雄性成年猛犸与一头雌性成年猛犸交配，会得到什么？一头小猛犸！所有成年生物都有自己的繁殖方式：如果无法繁殖，物种将灭绝，生命将不复存在。大多数动物以结合父母双方生殖细胞的方式孵育新生命，这种方式称为有性繁殖。

新生命

有性繁殖需要双亲：一雄和一雌（或者称为父亲和母亲）。父亲和母亲分别产生一种称为性细胞的特殊细胞，性细胞具有正常数量一半的染色体（请参阅第74页），但性细胞结合后能够继承父母双方的染色体，并成长为新的生物。所以，有性繁殖得到的所有新生物都是独一无二的。

胚胎的发育过程

雄性的性细胞称为精子，雌性的性细胞称为卵子。两种性细胞结合并形成一个新的细胞，新细胞发育成一个胚胎。依赖胎盘的支持，哺乳动物的胚胎在雌性体内形成和发育。

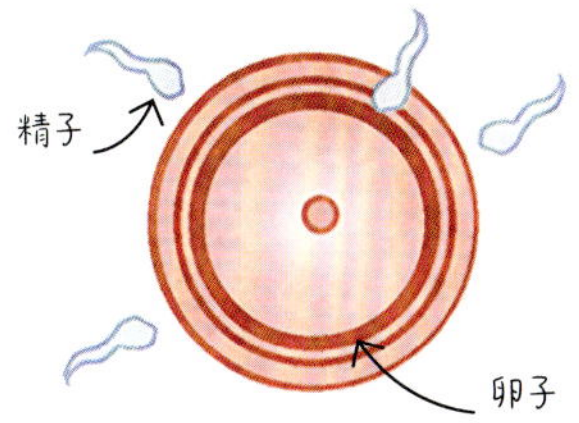

1 受精
最先接近卵子的精子穿过卵子的外壳，并通过称为受精的过程与卵子结合。

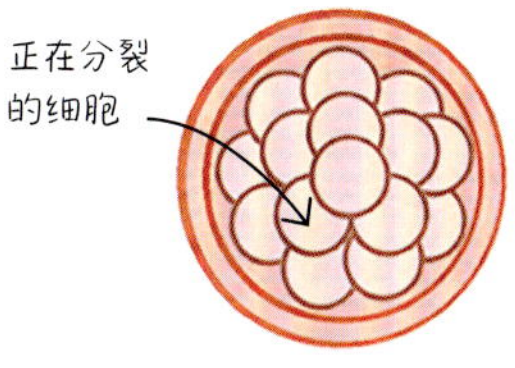

2 细胞分裂
数个小时之后，新细胞开始持续分裂，直到形成一个称为胚胎的微小细胞球。

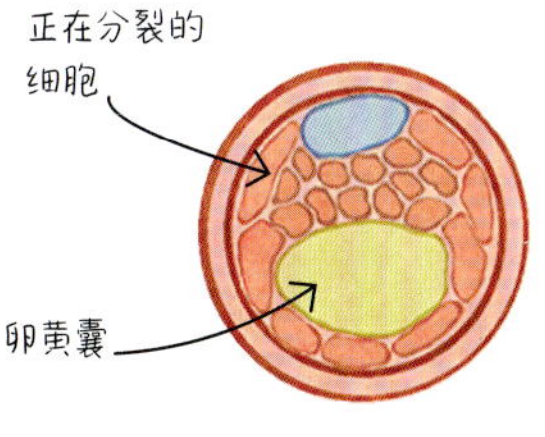

3 胚胎着床
依赖卵黄囊提供的短期营养，胚胎继续生长，并附着在母亲的子宫壁上。

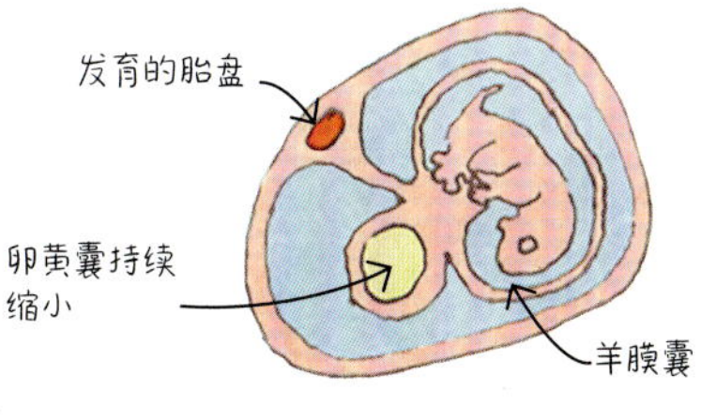

4 胎盘形成
然后，称为胎盘的器官发育形成，为胚胎提供食物和氧气，并清理废物。充满液体的羊膜囊可以保护胚胎。

产卵

所有鸟类和大多数昆虫、爬行动物和鱼类都以产卵的形式繁殖。胚胎在母亲体内发育至准备孵化。然后，母亲将卵排出体外，幼崽打破卵壳或膜，以跳动、扭动或游泳的方式开始探索世界。

正在孵化的鸟

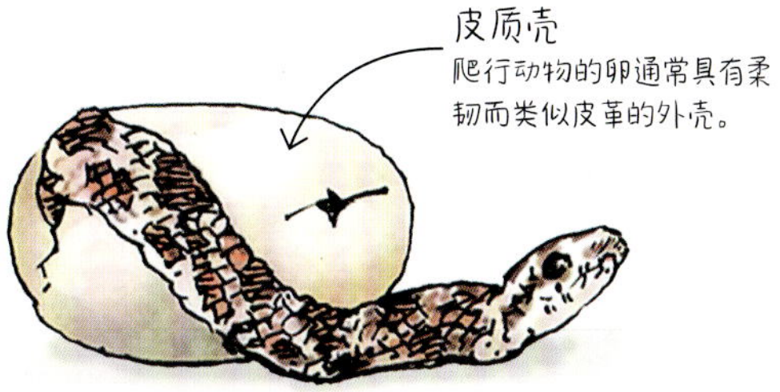

正在孵化的蛇

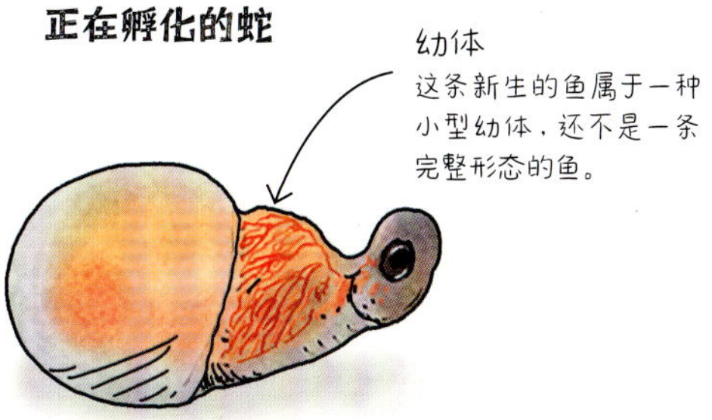

正在孵化的鱼

克隆繁殖

有些动物可以单独繁殖，无需伴侣。这种方式称为无性繁殖。无性繁殖的后代与亲代完全相同，称为克隆（复制）体，因为这些后代与亲代共享完全相同的一组基因。蚜虫是一种可以无性繁殖的小昆虫，能够在短时间内繁殖大量的幼虫。

DNA

DNA是脱氧核糖核酸的简称，是一种有机大分子，其中储存了制造生物体所需的全部指令。DNA在生物的绝大多数细胞内部都有发现，经过多重折叠并形成了称为染色体的结构。如果拆解一条染色体，我们可以看到DNA分子独特的螺旋梯状结构——双螺旋。

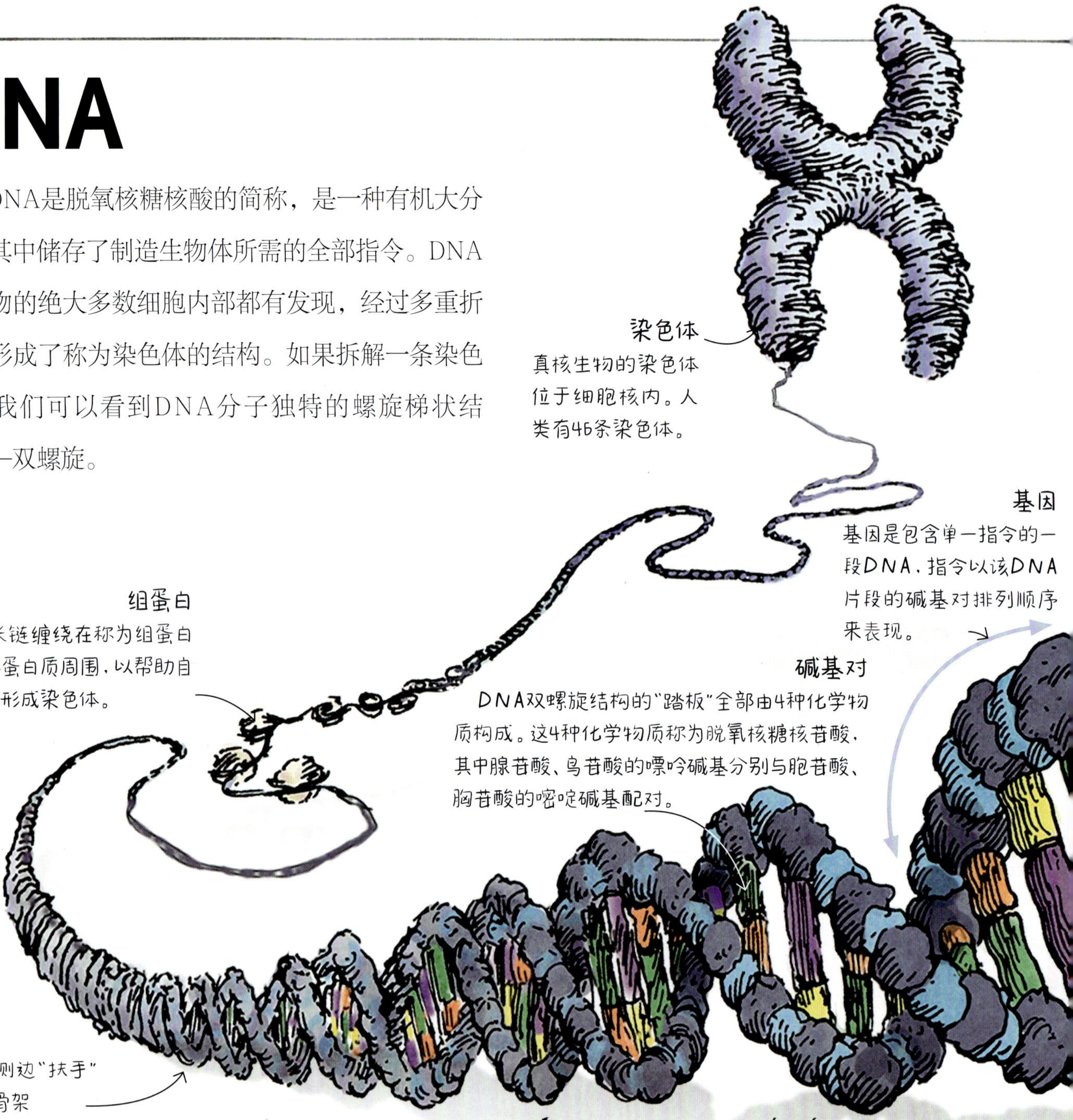

同卵双胞胎

所有人都有一组独一无二的基因，同卵双胞胎例外。由于拥有相同的DNA，许多同卵双胞胎的物理特征完全一致，例如眼睛和头发的颜色。但是，并非所有特征都完全由基因决定，有些特征会受到环境或生活方式的影响。例如，你的身高部分取决于基因，部分取决于饮食等其他因素。

化学编码

生物的生存和成长需要遵循一定的指令，而这些指令表现为4种“核苷酸”化学物质的编码：碱基的具体排列顺序决定了身体细胞的工作方式。包含单一指令的DNA片段称为一个基因，人类约有23 000个基因。身体为了成长或繁殖制造新细胞时，DNA将解开双螺旋并自我复制和转录。

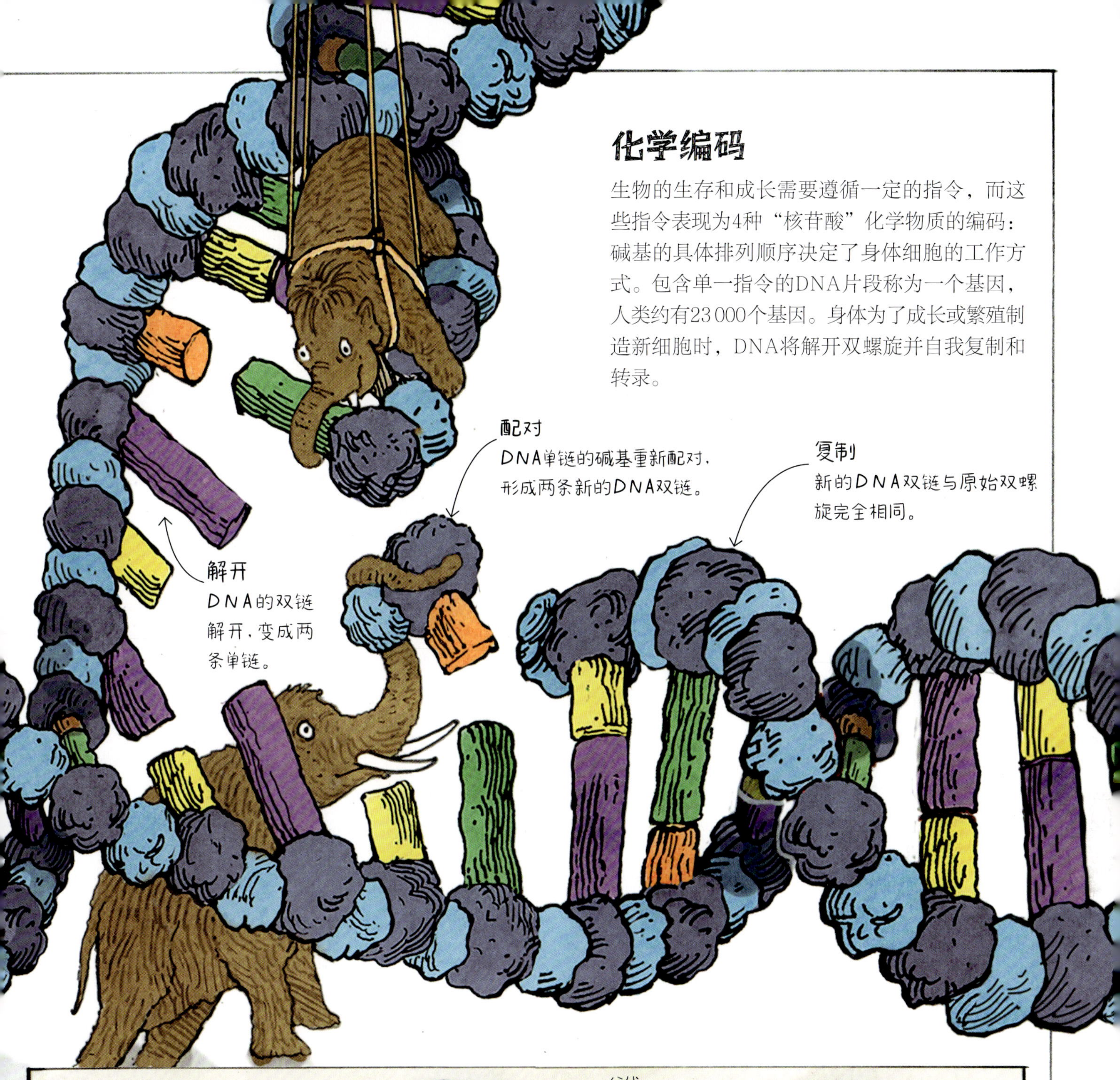

遗传

后代分别继承来自父亲和母亲的基因。许多基因存在略有差异的版本。这些象鼩分别继承了父母的皮毛颜色基因，其中褐色皮毛基因占主导地位（显性基因）：后代仅继承父母任意一方的褐色皮毛基因就会长出棕褐色的皮毛。白色皮毛基因是隐性基因：象鼩必须继承双方的白色皮毛基因才能显现白色皮毛。

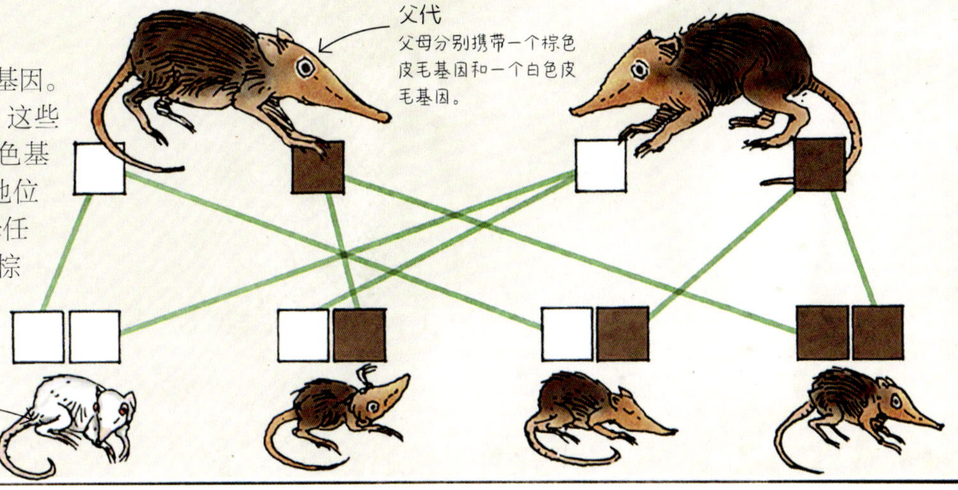

进化

相比数百万年前，地球上的生命形式已经发生了天翻地覆的变化。物种必须不断地进化，以适应新的环境：新物种不断出现，不适应环境的物种遭遇淘汰——灭绝。这种在漫长时间内逐渐演化的过程称为进化。

大象家族

经历了无数代的进化之后，新的物种诞生了：我们长毛猛犸是大象家族树中最繁茂的枝干之一。繁盛的大象家族还包括生活在遥远过去的古老物种，以及现在仍可以见到的非洲象和亚洲象。

自然选择

自然选择是进化的动力之一。更适应环境的生物能够更好地生存，并且可以将优势特征遗传给后代。这棵树上的绿色甲虫更显眼，更容易被捕食者（鸟类）抓获；相反，棕色甲虫的生存概率更高。最终，这种甲虫的大多数个体都将变成棕色。

非洲象

这种生物是当今世界上最大、最重的陆地动物，它的象鼻末端有两个如同手指一样灵活的指状突起。非洲象这个分支出现在大约760万年前。

猛犸

猛犸出现在大约40万年前的上一个冰川期，生活在冰天雪地的北半球，于大约4000年前灭绝。

亚洲象

可能在670万年前，亚洲象和猛犸的祖先选择了不同的进化方向。亚洲象比非洲象矮小，头部的形状也有所区别。由于数量锐减，亚洲象现在面临着灭绝的危险。

猛犸家族树

所有大象和猛犸都是数百万年前由同一个祖先进化而来的。每个因为自然选择而进化出的物种都会在家族树上形成一个分支，而每个新的分支都代表了一系列物种，其中包括图中列出的物种。

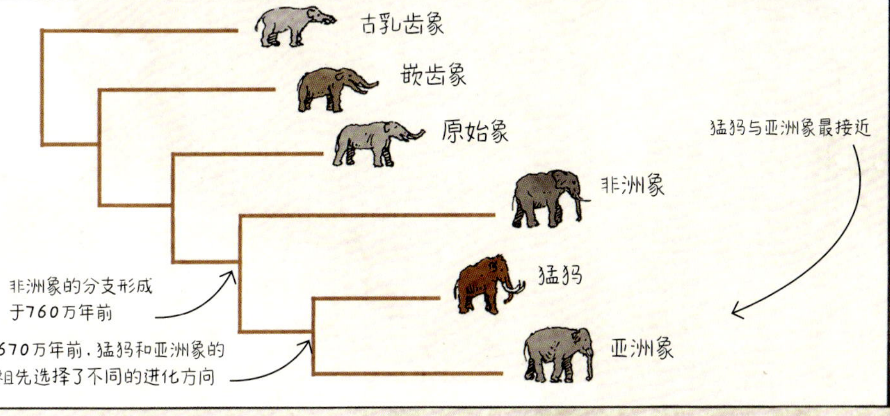

能量

什么是能量

在宇宙中发生的一切行为现象，从太阳发光到阅读本书，都需要能量。能量是万事万物运转的动力，一直存在于我们身边，甚至我们体内。能量无法创造或消除，只能够以不同的方式存储和转移。

1. 登顶

储存起来以备未来使用的能量称为势能。猛犸坐在高高的平台上，储存了大量的重力势能——猛犸因为重力落回地球表面时可以转移的一种能量。

2. 跳下来

跳出平台后，猛犸开始下落，而且下落的速度不断加快。运动物体拥有的能量称为动能：物体越重，或运动速度越快，则动能越大。

3. 压缩的弹簧

猛犸脚上套着弹簧，弹簧压缩可以储存能量。落地时，猛犸的大部分动能传递给了弹簧。部分能量以声音（猛犸身体撞击地面时发出的声音）的方式传递到周围。

能量的转移

轻按电灯开关，或者骑自行车时，我们可以清晰感受能量的作用。但是，能量也能够以许多并不明显的方式存储和传递。这头大胆的猛犸爬上了一个高台。因为任何高于地面的物体都有可能再次落回地面，所以我们说这头猛犸储存了潜在的能量（势能）。跃到空中后，猛犸的势能向动能转变。

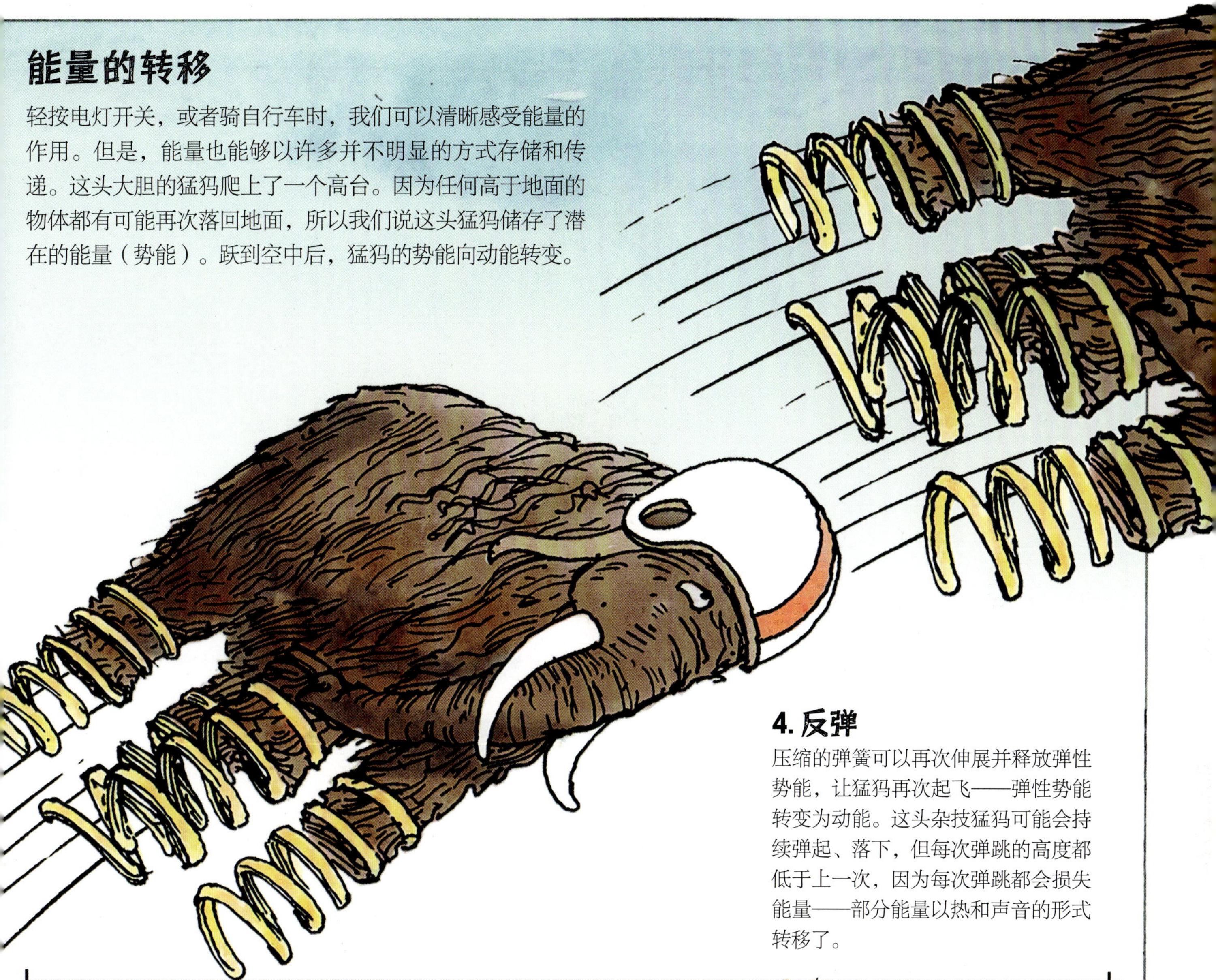

4. 反弹

压缩的弹簧可以再次伸展并释放弹性势能，让猛犸再次起飞——弹性势能转变为动能。这头杂技猛犸可能会持续弹起、落下，但每次弹跳的高度都低于上一次，因为每次弹跳都会损失能量——部分能量以热和声音的形式转移了。

我们周围的能量

所有能量都具有相同的本质。不过，为了便于理解，我们将介绍周围环境中常见的能量存储或使用方式，以帮助描述能量传递和事物运转的过程。例如，电池内部化学物质存储的能量能够以电能的方式传递给其他物体。然后，灯泡和蜂鸣器将电能转变为光、热或声音等能量形式。

动能
移动物体（包括猛犸和足球）储存的能量。

光
人类肉眼可以看到的一种能量传输方式。

声音
以振动方式在固态、液态或气态物体中传递的一种能量。

热能
物体燃烧或者分子热运动产生的能量，可以加热和传递给其他物体。

弹性势能
弹簧压缩或拉长后存储的势能。

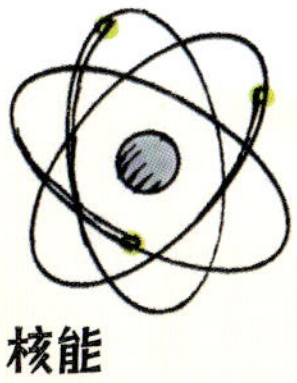

核能
原子中储存的一种能量。

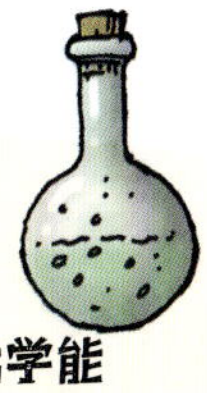

化学能
物体发生化学反应时释放出的能量。

电能
使用电做各种形式功的能力。

热

物体的温度（冷热程度）取决于物体分子的振动程度：分子振动越剧烈，物体的温度越高。热是一种能量，可以通过加强分子振动的剧烈程度，提高物体的温度。热可以在物体间转移，并且总是从温度较高的物体（或区域）传递到温度较低的物体（区域），正如这些象鼩展现的一样。

热的传递

这头猛犸正用鼻子抓着一根金属棒在火上烤。热量以传导的方式沿金属棒传递，象鼩研究员们感受到的温度各不相同。实心金属棒中的粒子无法自由移动，但可以通过加快振动速度和相互碰撞传递能量。热还可以通过其他两种方式传递：热的物体能够利用辐射传递热量——发射被称为红外线并在空气中传播的不可见光线（请参阅第96～97页）；在液体和气体介质中，热能够以对流的方式传递。

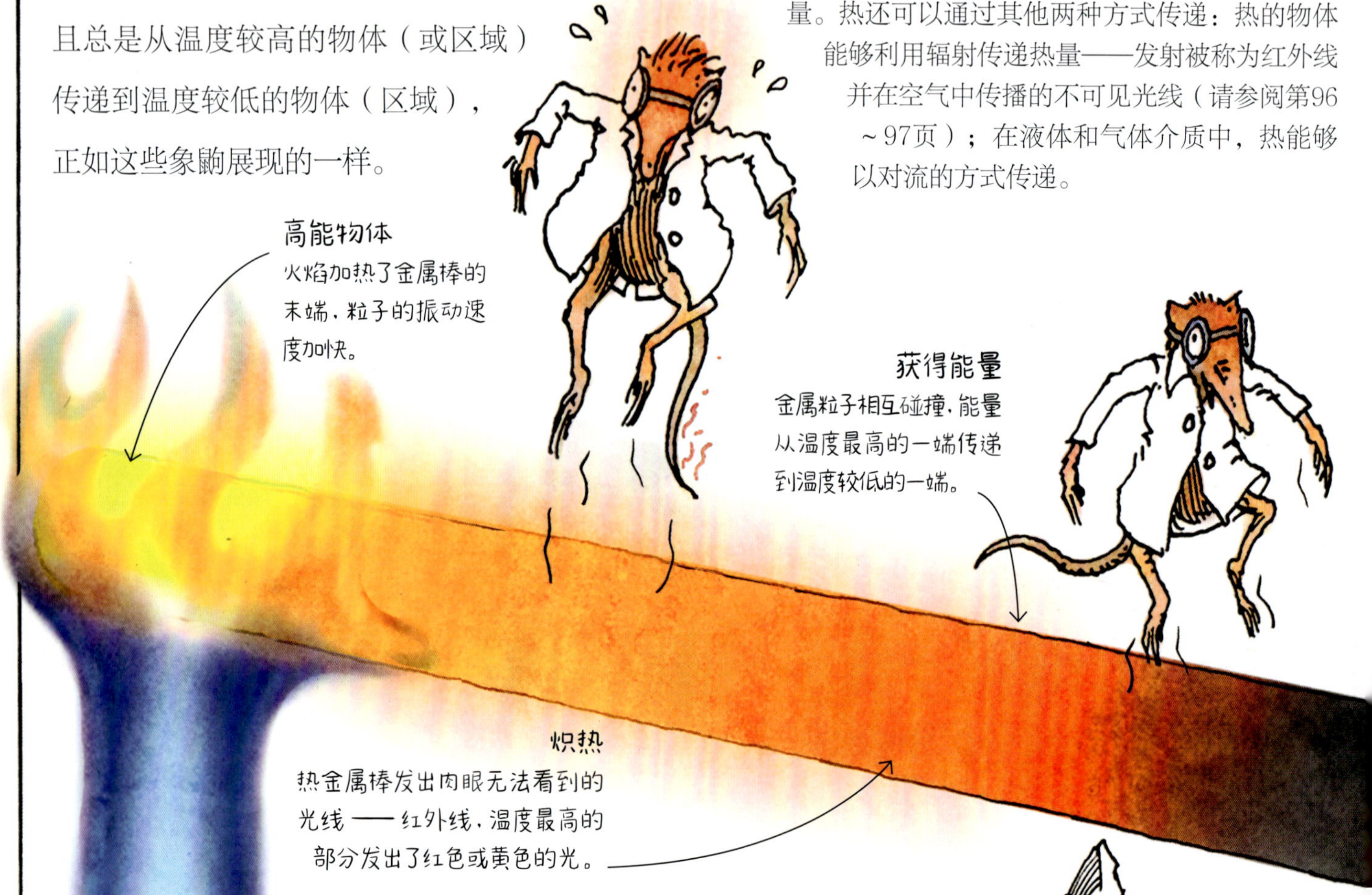

热量和温度

物体的温度表示热或冷的程度。但是，某种物品具有的热能数量同样受质量的影响。质量更大的物体储存的热能通常更多：相比一杯热茶，冰冷的冰山储存的热能更多，因为冰山的粒子数量要多得多。不过，冰山中单个粒子的振动速度较慢，储存的热能较少。

对流

流体（液体和气体）可以自由流动。加热其中一部分，流体的粒子运动速度加快，受热的流体膨胀（体积增加），占据更多空间并且密度降低。受热的流体开始上升，温度更低、密度更高的流体下沉并占据其原来的位置。温度较高的上升流体和温度较低的下沉流体形成了循环，称为对流。循环将持续进行，直到流体的温度完全相同。

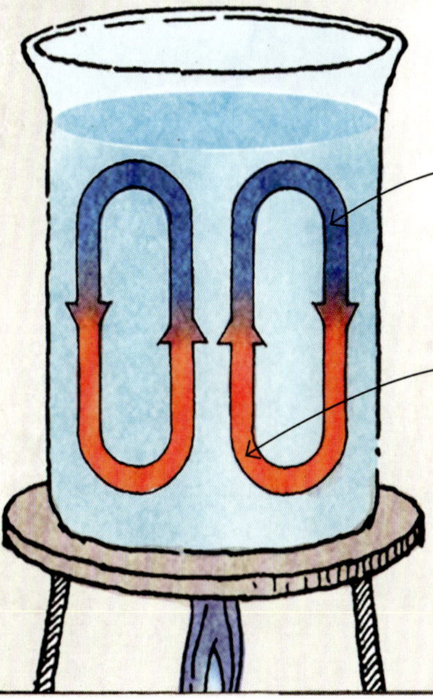

声波

从低声的窃窃私语到震耳欲聋的轰鸣，所有声音都是物体快速重复振动的结果。拨动吉他的琴弦，琴弦振动并扰动周围的空气——每秒多次反复挤压和拉伸空气。同样，受到挤压和拉伸的空气继续扰动相邻的空气，将肉眼看不见的声波向各个方向传播，如同池塘水面的涟漪一样。

猛犸的音乐

这头猛犸音乐大师正在迫使空气从鼻孔喷出，强劲的气流带动象鼻皮肤振动，进而扰动周围的空气，形成在空气中传播的声波。这些声波携带了大量的能量，可以发出巨大的声响——足以盖过传播路径上所有的声音！

声波显示

声波通常表示为波浪线。波浪线的形状展示了声音的特性：声音是响亮还是微弱，尖利还是低沉。

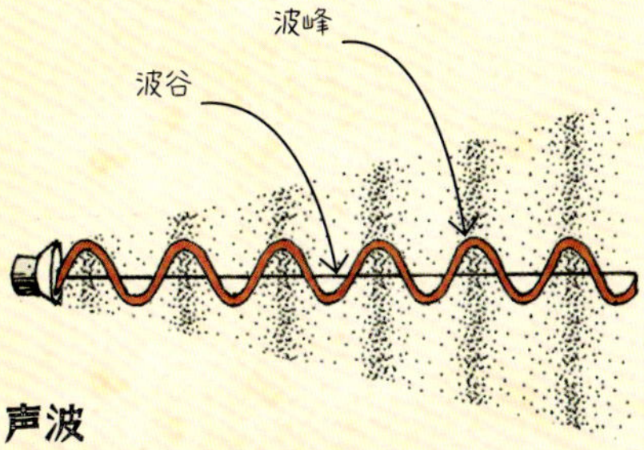

声波

在绘制的声波图形中，声波的波峰显示了空气受压缩的位置，而最低点或波谷表示空气受拉伸的位置。

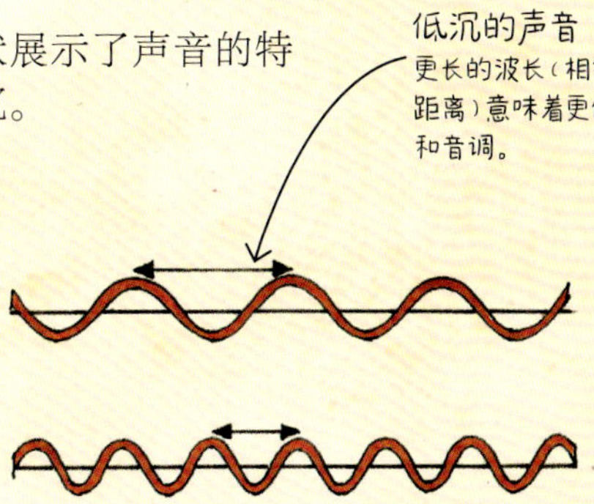

声调

声音的音调取决于波长和频率（每秒经过的波峰数量）。波长越短，频率越高，声音的音调越高。

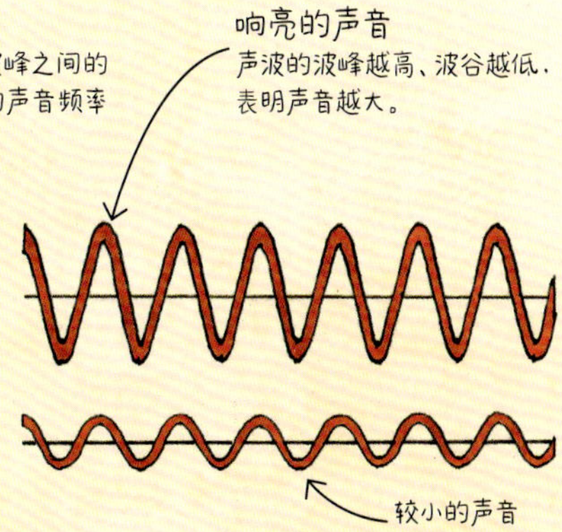

响度

声波的高度称为振幅：振幅越高，声音越响亮。图中显示了两个具有相同频率但不同振幅的声波。

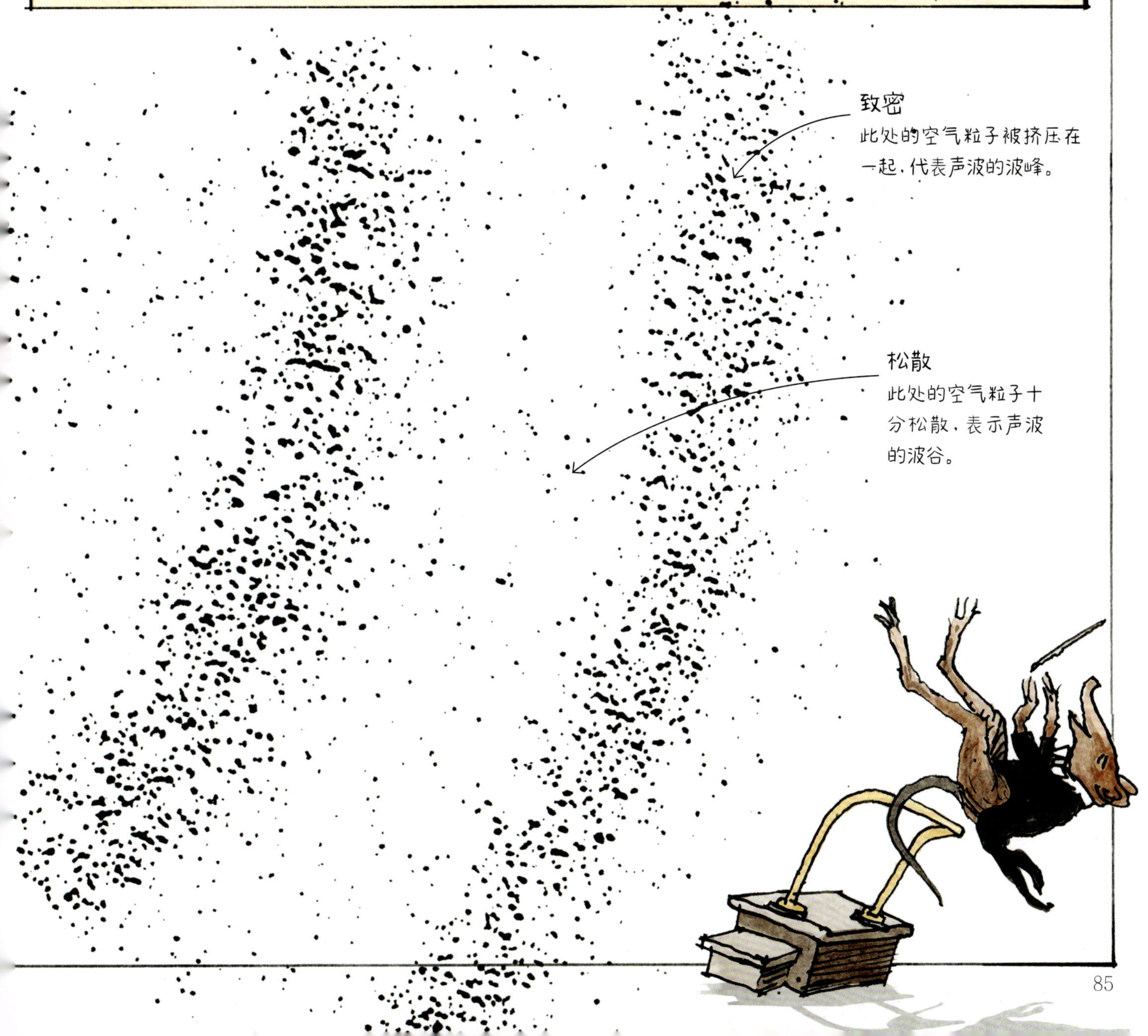

透射光线

大多数固态物体都是不透明的，也就是说物体将阻隔所有光。但是，有些材料允许光穿过：半透明材料可以让部分光穿过，但透过物体的光会向所有方向散射；透明材料能够让光直线穿过。

不透明
我们看不见白色纸板后面的象鼩，纸板阻隔了所有光。

半透明
我们可以看到描图纸（透写纸）后面的象鼩，但象鼩看起来十分模糊。

透明
玻璃可以让几乎所有光透过，所以我们能够清晰看到玻璃后方的象鼩。

光

　　这个超大的影子看起来似乎属于一头猛犸，但这其实只是一种光影游戏。光是我们肉眼可见的一种能量形式。光只能沿直线传播，称为光线，会在遇到阻隔光的固态物体后方投下阴影。光在物体表面反射后进入眼睛，我们才可以看见这些物体。

摆个造型
3只象鼩遮住了手电筒的部分光。

光影游戏

一群象鼩正在玩影子游戏，并在远处的墙面上投出了一个影子，影子的轮廓类似一头猛犸。影子是深色的，但并非纯黑，因为其他物体反射的部分光仍然可以到达影子所在的位置。

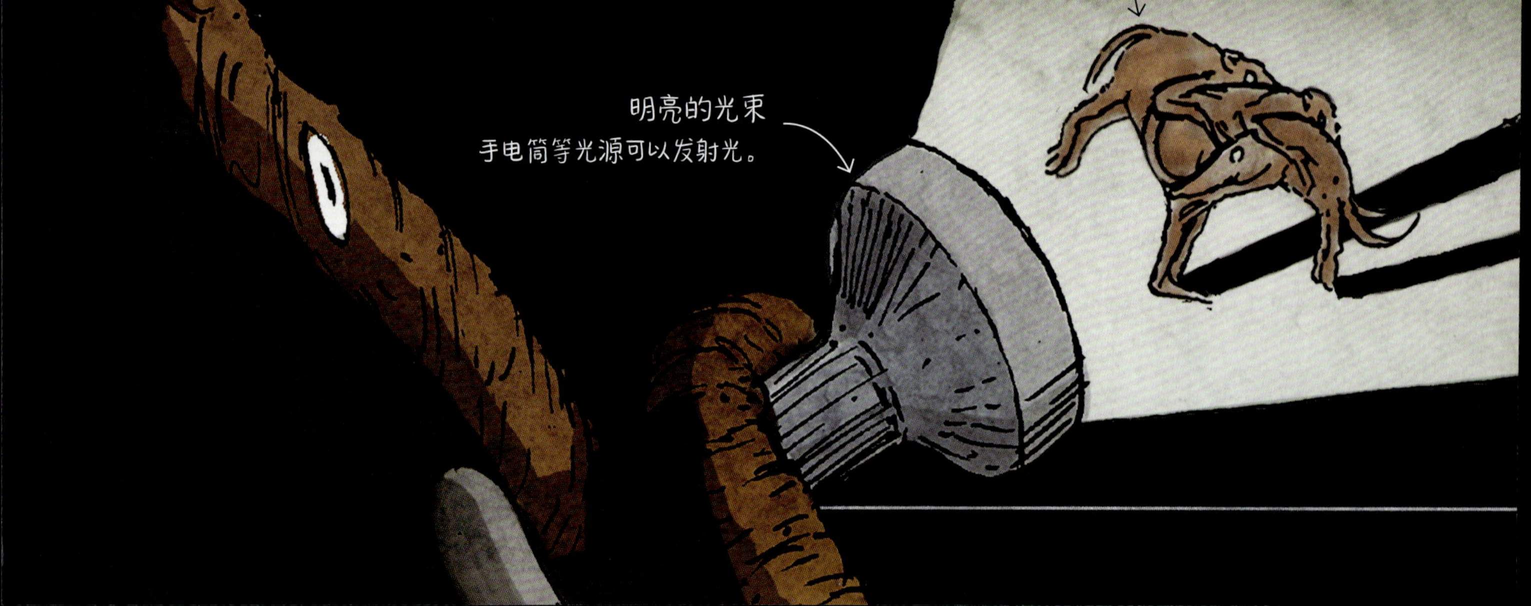

明亮的光束
手电筒等光源可以发射光。

大而模糊
象鼩的影子比自己本身要大得多，因为象鼩靠近光源但远离墙壁，而且这些光会在传播过程中分散。
小而清晰
距离光源较远的象鼩形成的影子更小但更清晰。
在聚光灯下
我们可以看到光束包围的物体，因为物体表面反射的光进入了我们的眼睛。

反射

大多数物体都可以反射光：光在物体表面反弹并进入了我们的眼睛，因此我们可以看到物体。镜子平滑的表面能够以特定方式反射光，形成反射或镜像。这头猛犸走进了一个放满镜子的大厅，然后看到了一些奇特的图像。

变形的猛犸

3面镜子显示了同一头猛犸不同的形象，但为什么其中两个形象如此奇怪呢？平面镜完美复原了猛犸的外形，因为所有光都沿相同的方向反射。左右两面镜子具有弯曲的表面，因此拉长和缩短了猛犸的影像。

镜子的原理

镜子、金属和其他具有平滑表面的物体都可以成像，因为这些表面能够以非常规则的方式反射光。这种反射方式称为镜面反射。对于表面粗糙的物体，反射光将朝各个方向散射，这种反射称为漫反射。

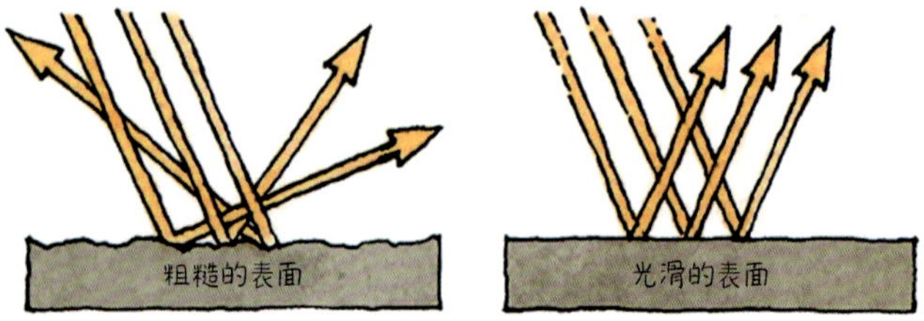

反射

遇到表面粗糙的物体（例如纸张）时，反射光线的方向可能杂乱无章；遇到表面平坦光滑的物体（例如镜子）时，所有反射光线都具有相同的方向。

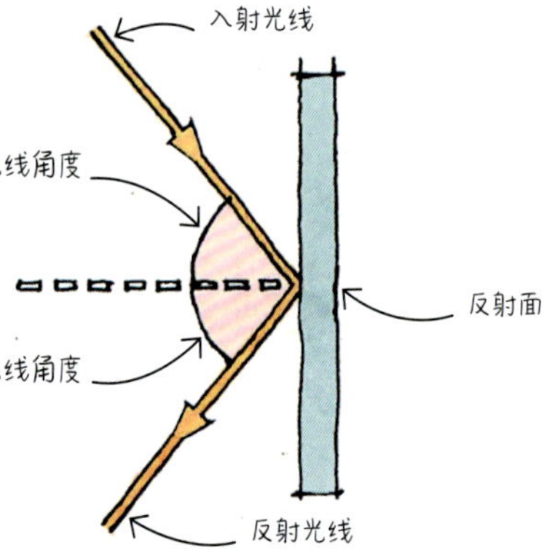

反射定律

镜子以规则的方式反射光线：光线的反射角度始终与入射角度相同。这种规律称为光的反射定律。

镜像

照镜子时，我们可以看到自己的镜像（镜子中的形象）。镜子中的自己站在镜子后面，因为进入我们眼睛的光线似乎来自镜子后方。物体在镜子中对应的图像称为虚像，并且虚像与镜子的距离始终等于实际物体与镜子的距离。

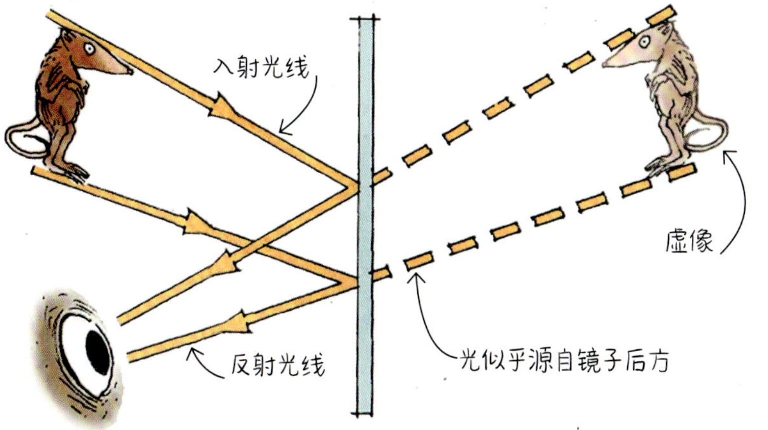

弯折的象鼻

猛犸伸直了象鼻吸水，但象鼩却看到了一根弯折的象鼻。为什么呢？因为光从水向空气传播时会发生折射。象鼩的大脑认为光沿直线传播，因此它看到的象鼻比实际更接近水面。

光的速度

相比空气，光在水中传播的速度较慢。因此，从水进入空气时，光的速度加快，导致光的传播方向稍微改变或者弯曲。在不同物质（传播介质）间传播时（从一种介质进入另一种介质），光将发生弯折，而弯折程度取决于两种介质中的传播速度差异。

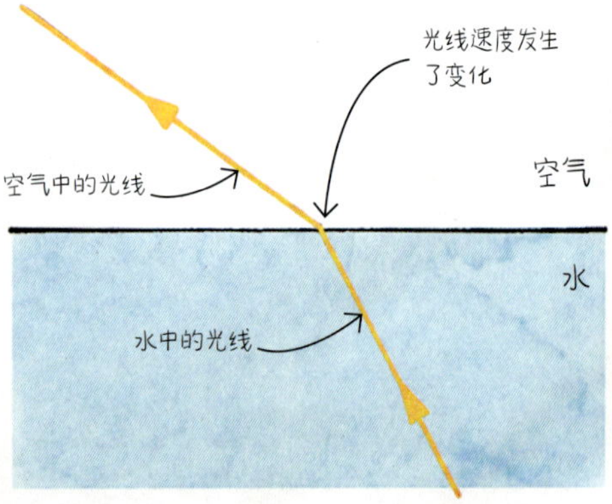

折射

光通常沿直线传播，但有时也会发生弯折，这就是折射。不同介质中的光线传播速度的差异是引发折射的原因。光线在空气中快速穿行，但进入水或玻璃时将减慢速度。折射可能欺骗我们的眼睛，形成错觉，但也可能十分有用。

光的魔术

光的折射可以欺骗我们的大脑，让我们错误判断物体的位置。如果将铅笔放入装水的杯子，铅笔看起来发生了弯曲，尽管实际并没有。眼镜片是特殊形状的玻璃或透明塑料，可以恰当地利用光的折射来帮助我们。

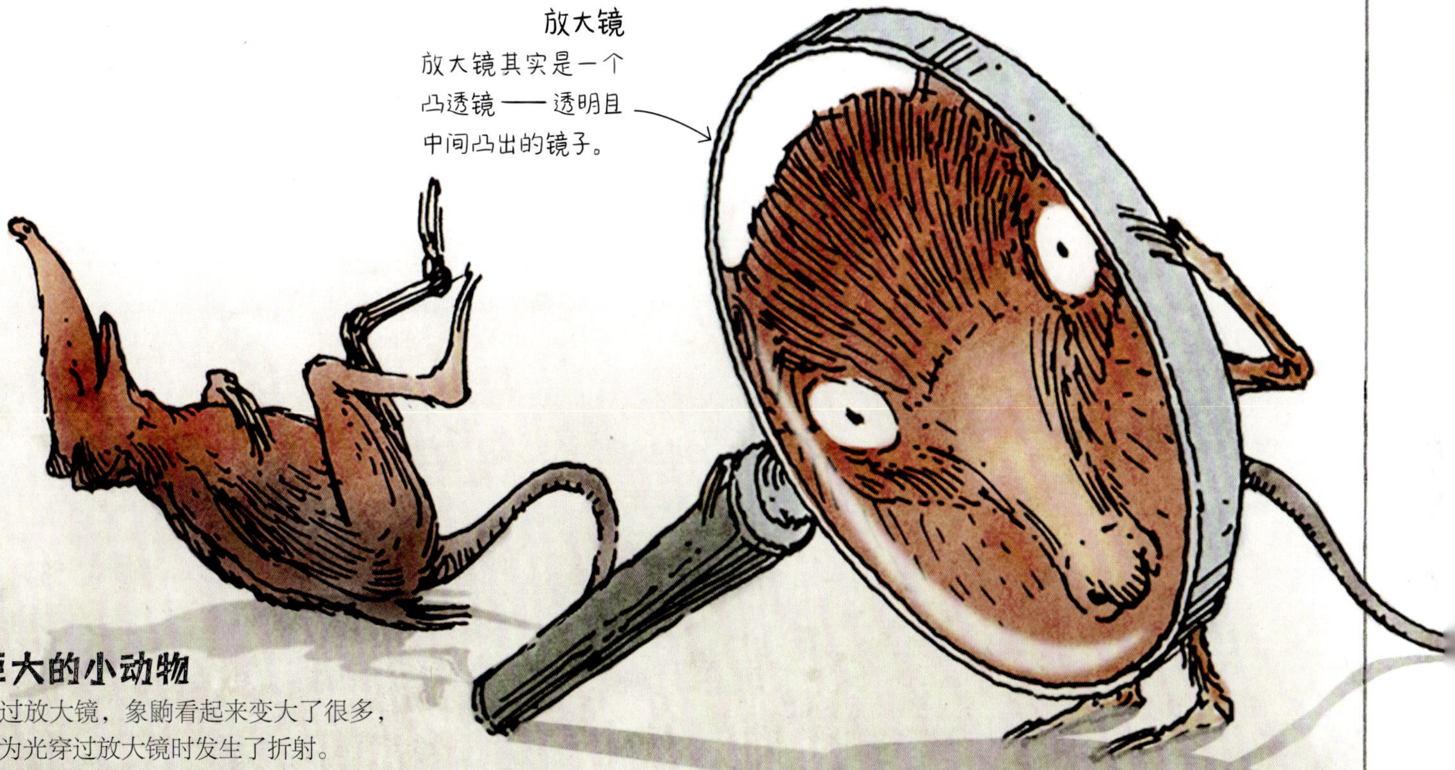

巨大的小动物

透过放大镜，象鼩看起来变大了很多，因为光穿过放大镜时发生了折射。

凸透镜

穿过凸透镜后，物体反射的光线向内弯折并在透镜的另一侧聚集到一个点。因此，我们的眼睛接收的光线似乎来自更大的物体，大脑形成了该物体放大的影像。

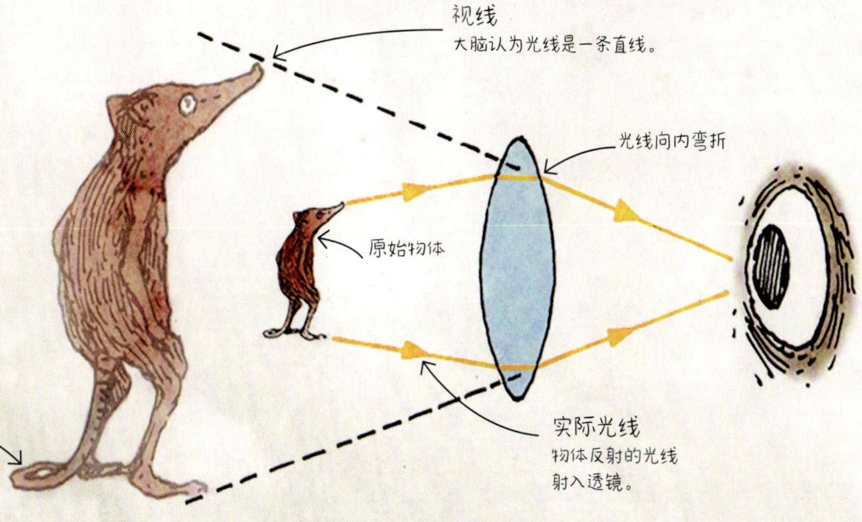

白光

从门缝透进来了一缕阳光。虽然阳光看起来是白色的，但它实际是许多不同颜色光的组合。让这束白光穿过玻璃棱镜，我们可以看到一道称为可见光谱的彩虹。光谱其实包含近乎无限数量的颜色，但我们的肉眼能够识别的颜色只有7种：红色、橙色、黄色、绿色、蓝色、靛蓝色和紫色。

制作彩虹

让一束白光透过玻璃棱镜，光线从空气进入玻璃然后再次进入空气时都会发生折射（请参阅第90页）。因为不同的折射度，所有颜色的光将在通过玻璃棱镜后分散开来。雨滴也可以发挥棱镜的作用，这就是雨后会出现彩虹的原因。

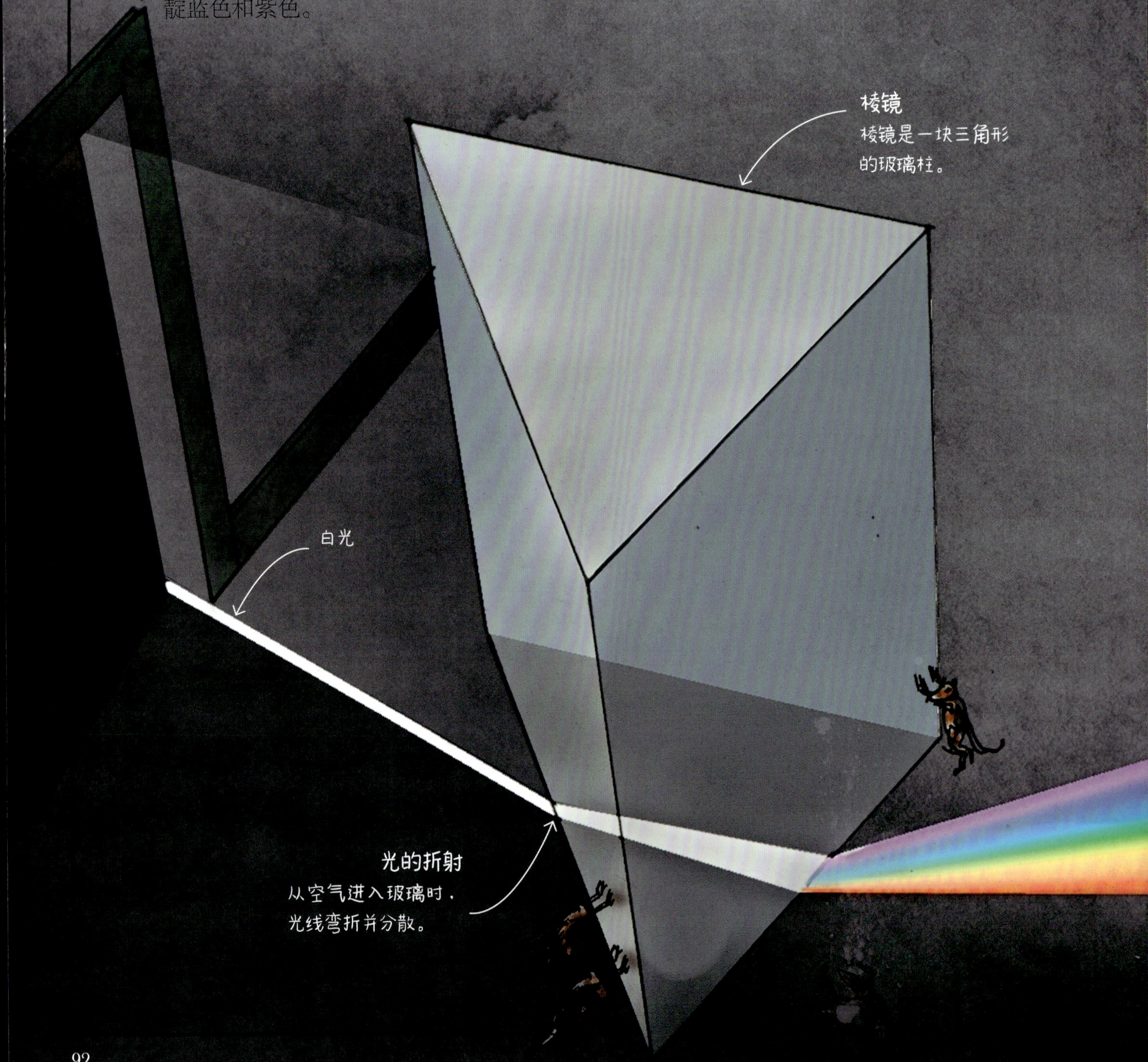

光的波长

光像波浪一样移动，波长（两个相邻波峰之间的距离）决定了光的颜色。可见光中，红光的波长最长，而紫光的波长最短。波长越短，光线穿过棱镜时的弯折程度越高，因此不同颜色的光变得分散。

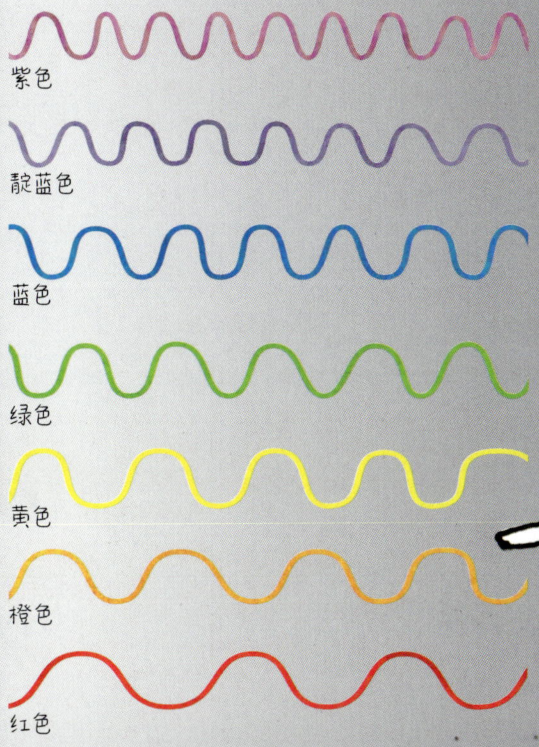

颜色

从猛犸棕褐色的皮毛到鲜绿色的西瓜，我们生活在一个五光十色的世界中。但是，物体的颜色从何而来呢？颜色源于物体反射光的方式：物体表面的色素可以吸收某些颜色的光并反射其他颜色的光。

让人垂涎的西瓜

猛犸之所以能够看见西瓜，是因为西瓜的表面可以反射光，并且部分反射光进入了猛犸的眼睛。照射西瓜表面的光其实是各种颜色光的混合，但西瓜皮包含的色素吸收了除绿色以外所有颜色的光，只反射了绿色光。

黑和白

如果某种物体的表面能够反射所有颜色的光，那么反射光也是白色的；如果物体能够吸收所有颜色的光，那么这种物体看起来是黑色的。有的物体表面可以吸收整个光谱几乎所有的光，仅反射少量的光，因此这些物体受白光照射时看起来是灰色的。

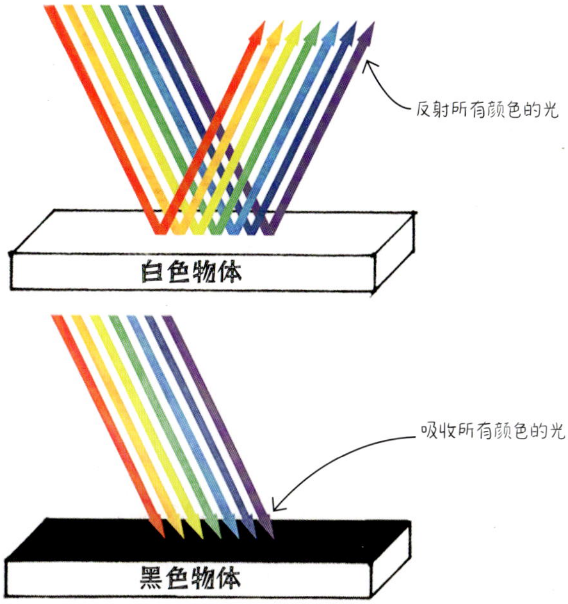

不同的光源

在不同颜色光的照射下，物体看起来可能截然不同。受白光照射时，红色表面的物体仅反射红光，绿色物体仅反射绿光；在红光的照射下（使用只发射红光的红色光源），绿色物体看起来是黑色的，因为绿色物体将吸收红色光，却无法反射绿色光。

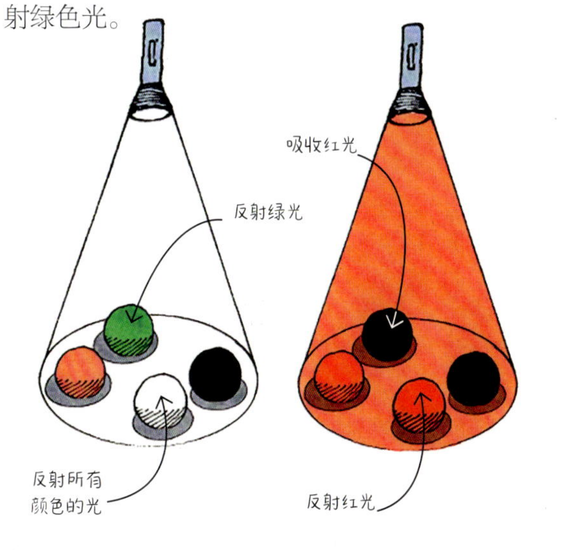

电磁辐射

你知道吗？照亮我们周围环境的光是一种携带能量的波，是一种电磁辐射。每种颜色的可见光都有不同的波长：红色光的波长最长，紫色光的波长最短。此外还有很多人类肉眼不可见的其他类型的电磁辐射，这些电磁辐射的波长要么比可见光更长，要么更短。

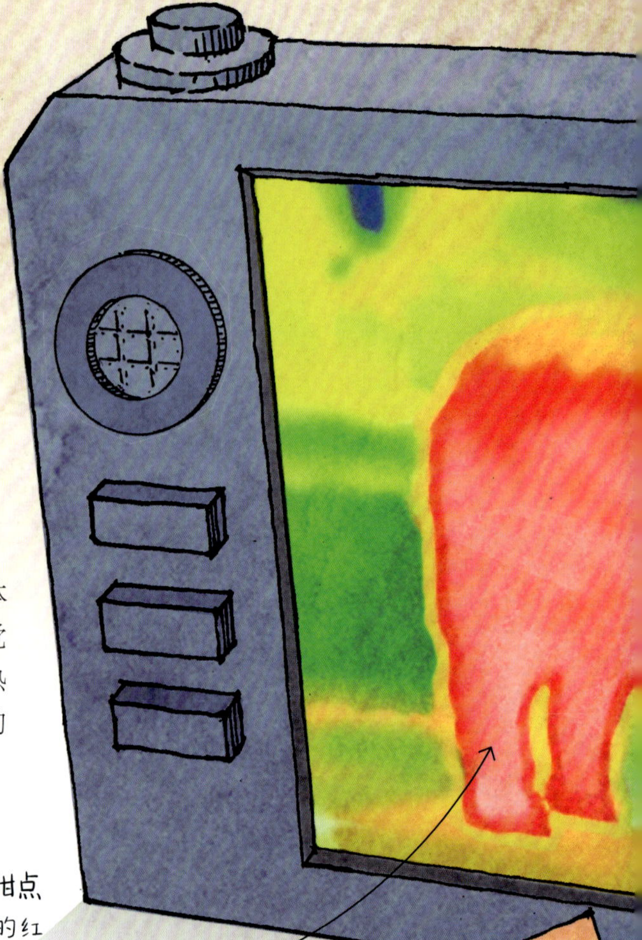

红外图像

红外（光）线也是一种电磁辐射，波长超过了可见光。所有物体都可以产生红外线：人类的眼睛看不到红外线，但我们可以感觉到它们（红外线表现为热）。这是一台热成像相机，能够探测热量，并以不同的颜色在屏幕上显示红外线的不同波长。屏幕中的温血动物猛犸显示为鲜红色，冰淇淋看起来却是黑色的。

电磁频谱

不同类型的电磁波共同组成了电磁频谱。所有电磁波的传播速度都与光相同，但它们的波长（两个相邻波峰之间的距离）各不相同，因此具有不同的属性。波长越短，波携带的能量越多。

无线电波

无线电波是波长较长的电磁波。广播和电视信号以及卫星导航信号都使用了无线电波作为载体。

微波

微波是波长很短的无线电波。利用微波携带的能量，微波炉能够加快食物分子的振动速度，从而加热和烹饪食物。

红外线

所有物体的原子都在不断振动，而这种运动将产生红外辐射。物体的温度越高，粒子的振动速度越快，产生的红外辐射越多。

可见光

可见光是人类唯一能够用肉眼看到的电磁波。红色光的波长最长，紫色光的波长最短。

紫外线

波长小于紫色可见光的电磁辐射称为紫外线（UV）。太阳发出的紫外线会损伤我们的眼睛和皮肤。

X射线

这是一种携带高能量的短波长电磁辐射，可以帮助观察我们体内的状况：X射线能够穿透软组织，但将被骨骼吸收。

伽马射线

伽马射线是波长更短、携带能量更高的电磁波，通常源自太空中爆炸的放射性物质和巨大的恒星。

静电

电子是原子内一种带负电荷的微小粒子。这种微小的粒子一直在高速移动，而且能够在不同物质间转移。如果电子在某个位置聚集，物体将获得“静态”电荷。

异种电荷相吸

正电荷和负电荷相互吸引，同种电荷相互排斥（相互推离）。带电气球的负电荷推开了带负电荷的墙壁粒子，让墙壁表面带有正电荷。正、负电荷相互吸引，因此气球“粘”在了墙壁上。

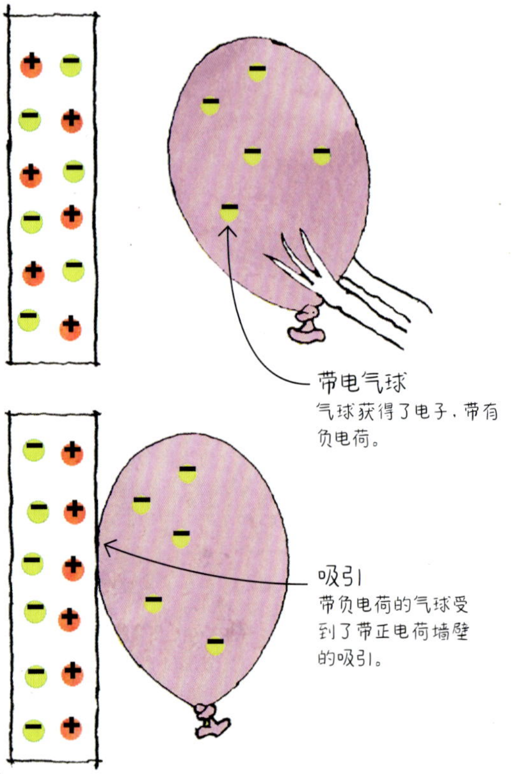

好玩的游乐场

象鼩们正在利用科学知识构建游乐场。在猛犸的皮毛上摩擦气球，电子从毛发转移到气球，气球携带了负电荷。带电的气球能够黏附在墙壁表面，不需要任何协助。气球飞镖游戏场已经准备就绪！

静电荷

电子可以在物体之间移动，并产生静电荷。获得电子的物体带负电，失去电子的物体带正电。正负电荷之间的吸引力是让带电气球黏附在墙壁表面的原因，也是雨云释放闪电的原因。

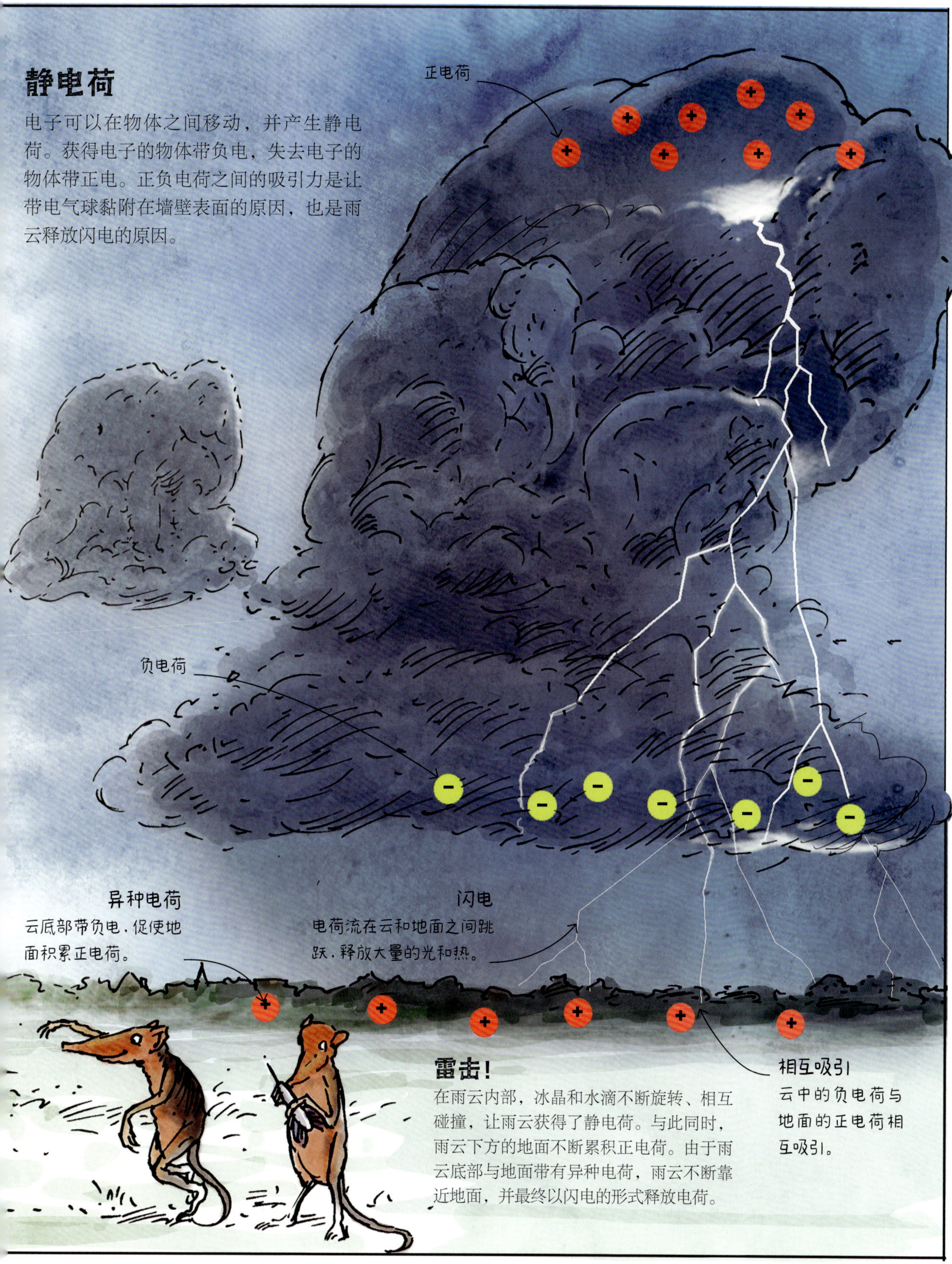

雷击！

在雨云内部，冰晶和水滴不断旋转、相互碰撞，让雨云获得了静电荷。与此同时，雨云下方的地面不断累积正电荷。由于雨云底部与地面带有异种电荷，雨云不断靠近地面，并最终以闪电的形式释放电荷。

线环游戏

这绝对是一个刺激的游戏：让线环沿猛犸形状的光裸导线移动，同时尽量避免线环接触导线。如果没有接触，无法构成闭合电路，电流就不会出现。但是，保证线环不接触导线需要稳定的双手：这只象鼩的任何轻微抖动都可能导致线环与导线接触，从而构成闭合电路，导致电流出现，灯泡被点亮。

电流

从电灯到手机，从家用电器到电动汽车，电是我们的生活中必不可少的一种能源。流经所有这些设备的电流其实是带负电的粒子（电子）流。为电子移动提供动力的电源（例如电池），以及完整的闭合线缆（称为电路）都是电流产生的必要条件。

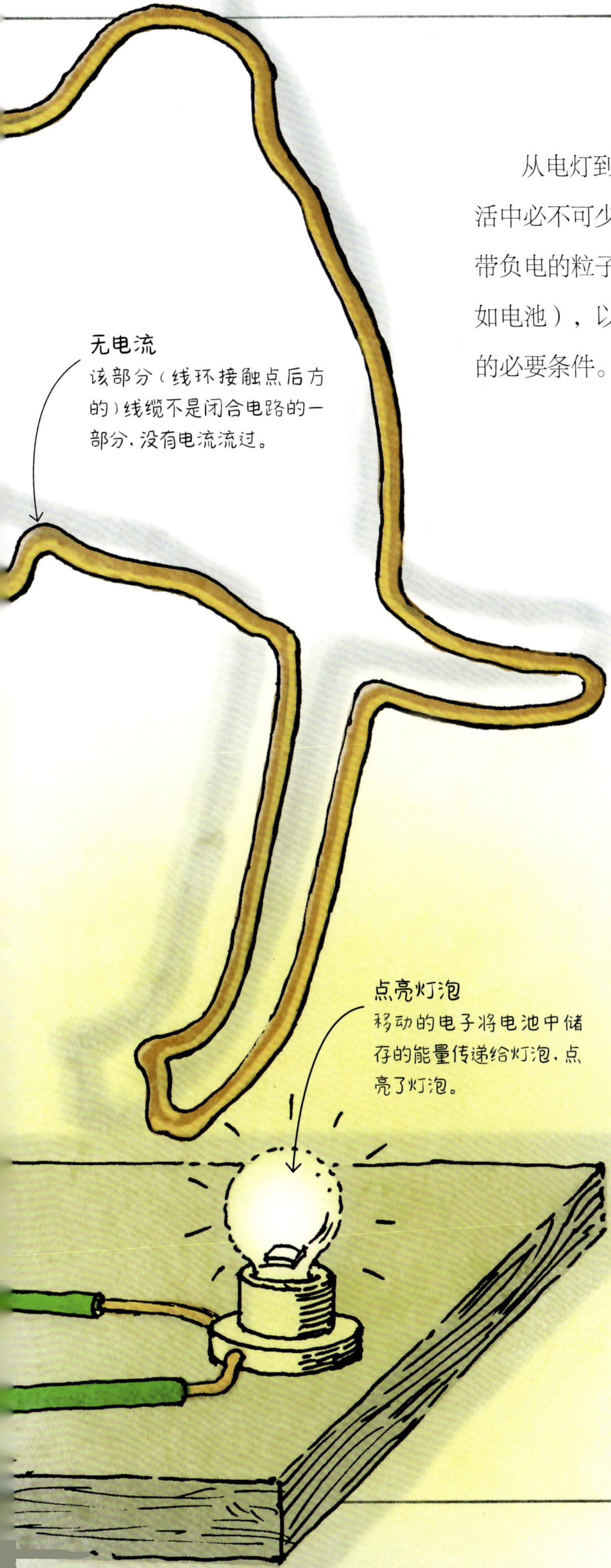

线缆内部

金属线缆中，部分电子可以自由移动。如果线缆连接了电池并形成了完整的闭合电路，这些自由电子将沿相同的方向移动——从电池的负极到正极。电子的流动称为电流。

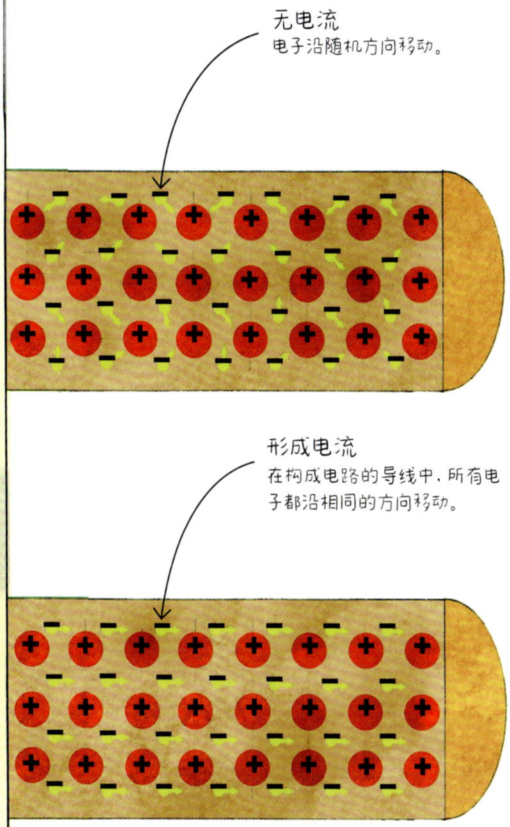

磁

尽管用尽了全身力气，强壮的猛犸也无法把这两块巨型马蹄形磁铁分开。磁力是一种看不见的力，无需接触就可以拉动或者推动物体。

作用力

与所有磁铁一样，弯曲成U形的马蹄形磁铁也有两端，称为“磁极”。北极通常涂成红色，南极通常涂成蓝色。磁铁可以吸引或排斥其他磁铁，具体取决于磁铁的摆放方式。

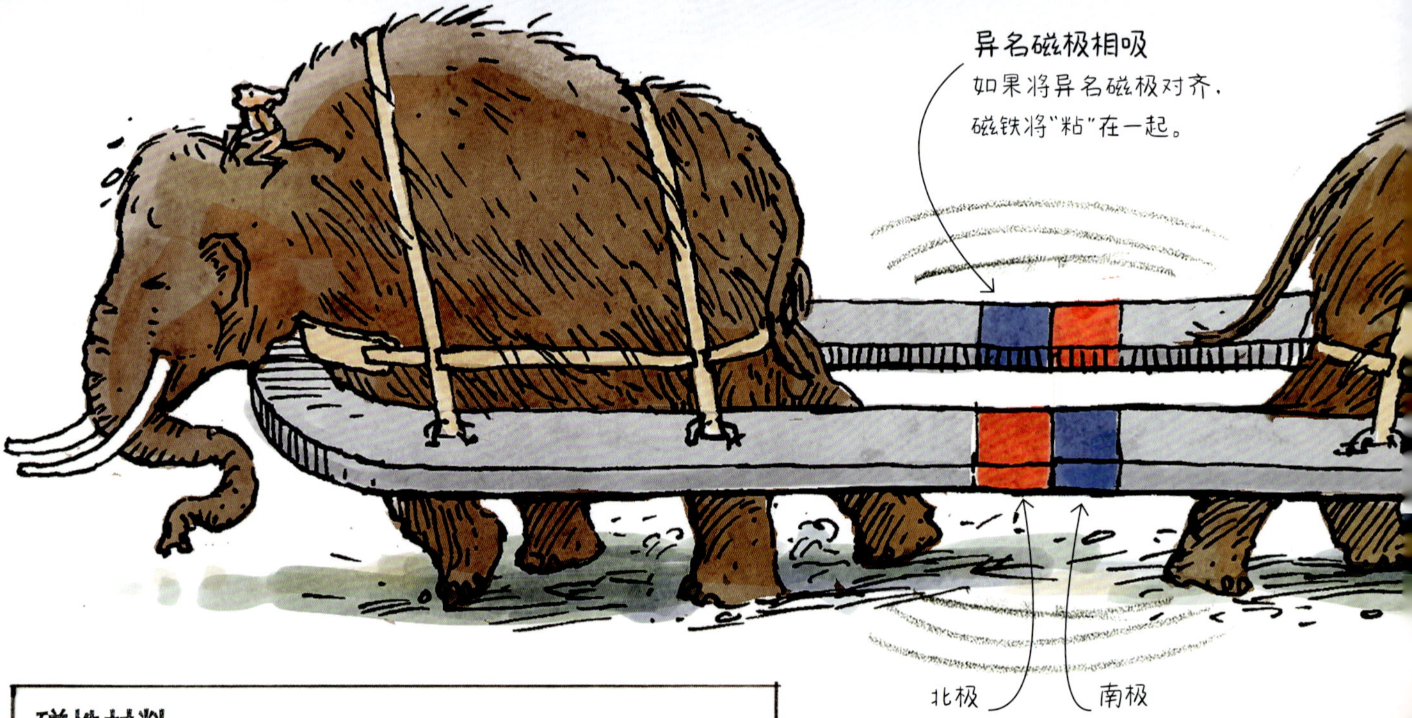

磁性材料

能够被磁铁吸引的材料称为磁性材料，其中包括铁、镍、钴和钢等金属。放置在磁场中，这些材料也会被暂时磁化，获得南北磁极。

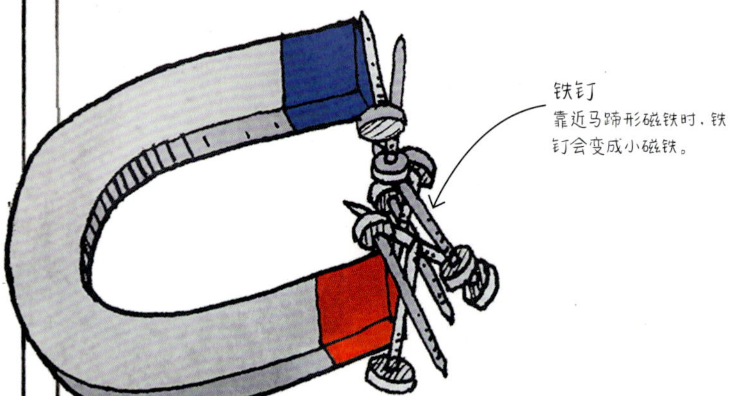

看不见的阻碍

这对巨兽正在用力把两块磁铁贴在一起。但是，现在两块磁铁的同名磁极相对：北极与北极相对，南极与南极相对。因此，两块磁铁相互排斥，看不见的磁力阻挡着它们相互靠近。

磁铁如何发挥作用

环绕磁铁有一个看不见的磁场，磁场是磁力的作用范围。换句话说，放入磁场的磁性材料将在磁力作用下靠近磁铁。人们用磁场线表示磁场：磁极附近磁场最强，磁场线也最为密集。

马蹄形磁铁

马蹄形磁铁的磁极彼此靠近，磁极之间的磁场最强。

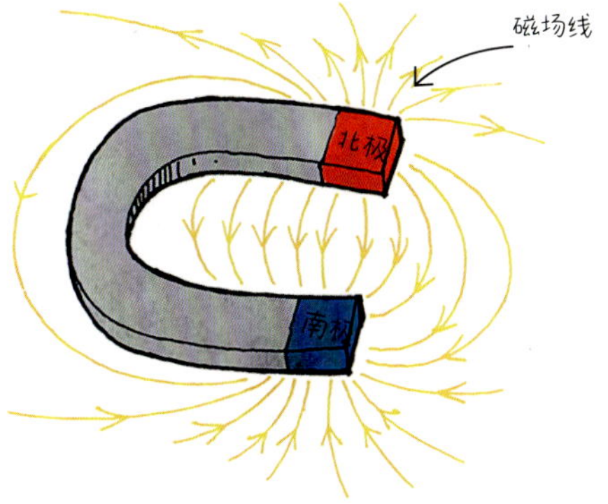

条形磁铁

条形磁铁两端的磁力最强。

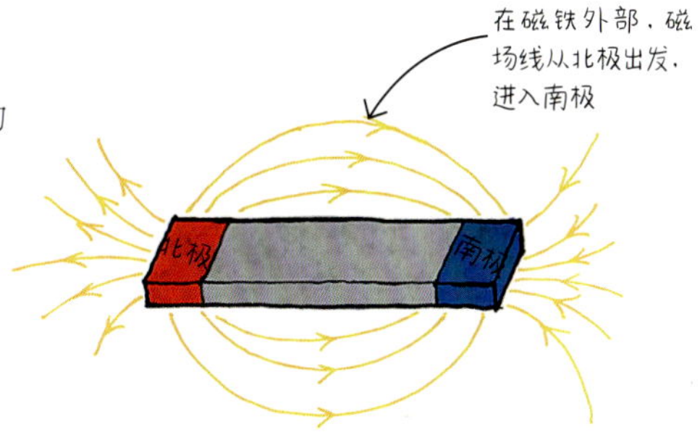

紧密黏合

异名磁极相对放置时，两块磁铁会相互吸引，紧紧贴在一起。两头猛犸正在努力分开紧密黏合的两块磁铁，但徒劳无功。

排斥

尽管两头猛犸用尽了全身的力气，但两块磁铁仍然无法完全贴合。

力

拔河比赛

两个或更多数量的力共同作用时，这些力将形成一个合力。如果作用于相同物体的两个力大小相等但方向相反，两个力将彼此平衡，相互抵消，如同没有力作用一样。参加这场拔河比赛的两头猛犸都拼尽了全身力气来赢得比赛，但因为合力为零，它们陷入了僵持。

僵局

两头猛犸以大小相等、方向相
的力互相拉拽。两个力相互
消，合力为零，所以两头猛犸
无法移动。

什么是力

力是一种推或拉的作用。我们看不到力，但可以看到力的作用效果：力可以改变运动物体的速度或方向，或者让运动物体减速甚至停止运动；力还可以挤压或拉伸物体并引发物体形变。两头猛犸都绷紧了肌肉，奋力拉动对方，以赢得拔河比赛。

强有力的肌肉
猛犸的肌肉正在施加一个强大的拉力。

力的分类

科学家认为力主要分为两类：接触力和非接触力。接触力仅作用于两个或更多相互接触的物体，而非接触力是不接触的物体相互之间作用的力。

接触力
脚与球接触并施加让球运动的力。

非接触力
重力无须接触就可以让苹果下落。

作用力

踢球时，我们施加让球移动的力。让球落回地面的重力也是一种力，阻止球落向地面的向上的力同样如此。

力的测量

牛顿（N）是表示力大小的科学单位。1牛顿大约是举起一个小苹果需要的力。称为弹簧测力计的设备可以用来测量某些类型的力。

拉力
作用于苹果的重力可以拉伸弹簧。

不平衡的力
现在，某个方向的作用力更大，力不再平衡了。

伸出援手
象鼩提供了额外的拉力。

力的组合
多个沿相同方向作用的力可以视为一个力。

获胜者已经确定！

如果一个方向的拉力大于另一个方向的拉力，即合力并不是0，我们称这些是不平衡的力。20牛顿的合力让两头猛犸都开始在地面移动。

制作黏土猛犸

黏土制作的模型不会反弹和恢复原状。

黏土猛犸

为了用雕塑黏土制作猛犸，这些象鼩需要施加变形力，以获得恰当的形状：挤压和拉伸，然后扭转和弯曲黏土，以制作惟妙惟肖的猛犸雕像。雕塑制作完成后，施加变形力还可以创造疯狂的创意雕塑。

张力

从两端拉拽材料时，我们可以说材料受到了张力。张力可以拉伸任何材料，包括固态材料。例如，狗拉动拴狗绳可以让绳索略微延长一截。

压力

从两端挤压物体将产生称为压力的变形力。压力可以挤压物体并让物体变短。我们坐在椅子上时，椅子腿的高度会略微降低。

挤压

压缩的猛犸被挤压得更小，并且侧面凸出。

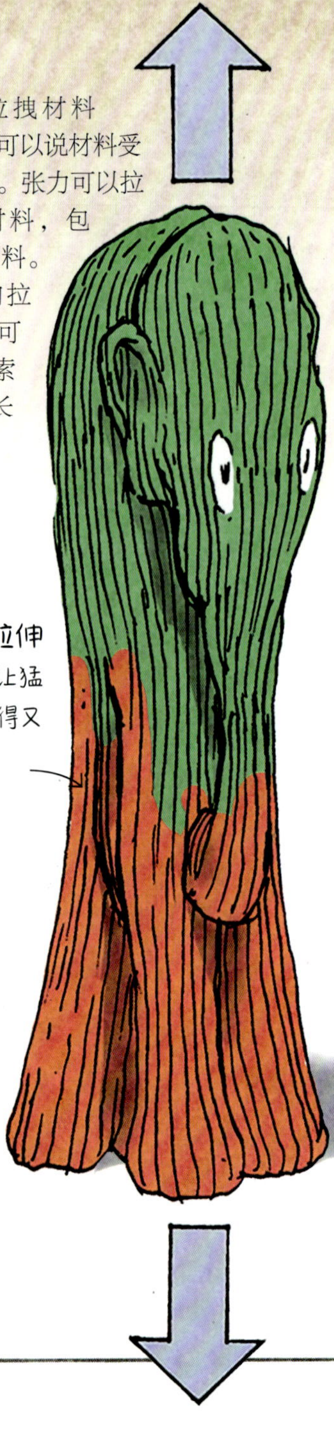

拉伸

上下拉拽让猛犸雕塑变得又瘦又高。

变形力

力可以让物体移动，也能够改变物体的形状。受两个或更多力的作用时，物体可能被拉伸、挤压、弯曲或扭转。不同材料受变形力作用之后的结果并不完全相同。撤去变形力，有些材料将恢复原始形状和大小——此类称为弹性材料，无法恢复原始形状而保持形变的材料则称为塑性材料。但是，如果力足够大，所有材料最终都将无法恢复原始形状而断裂。

扭转

力可以转动物体。如果旋转力全部作用在一个方向，则物体将简单地旋转。但是，如果以相反的方向推或拉，旋转力将使物体扭曲。拧干毛巾时我们会用到扭力。

弯曲

在不同位置施加两个或更多不同方向的作用力，物体可能弯曲，包括通常认为无法弯曲的物体，例如受强风吹动的摩天大楼或承载重物的桥梁。

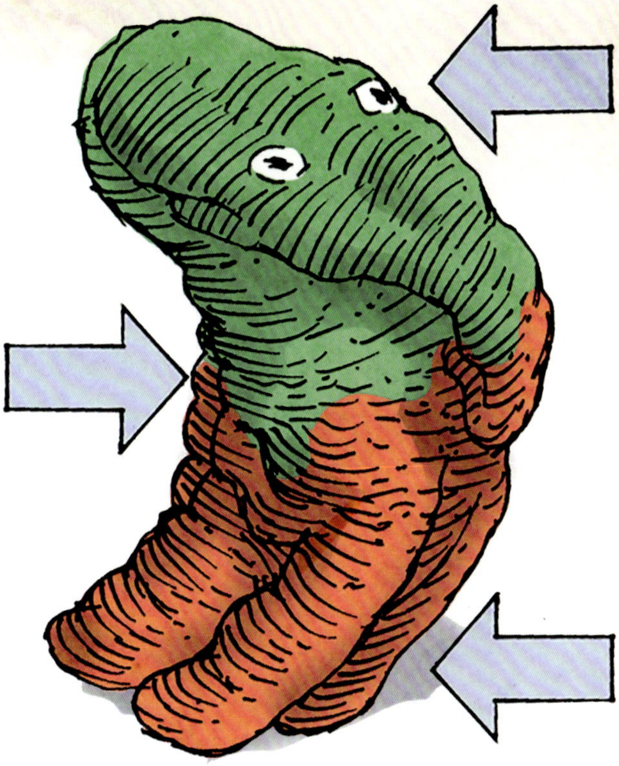

材料变形

雕塑黏土是一种可塑性材料，变形力停止作用后可以保持获得的新形状。许多材料都具有弹性，可以恢复原始大小和形状。金属具有一定的弹性，但施加巨大的拉力或压力可能让金属永久变形，最终断裂破碎。

弹性

如果施加拉力，金属弹簧的长度增加，但作用力消失后弹簧将恢复拉伸前的原始形状。不过，如果施加的力过大导致拉伸过度，弹簧将永久保持拉伸状态。无法复原的这个受力的极限值称为材料的弹性极限。

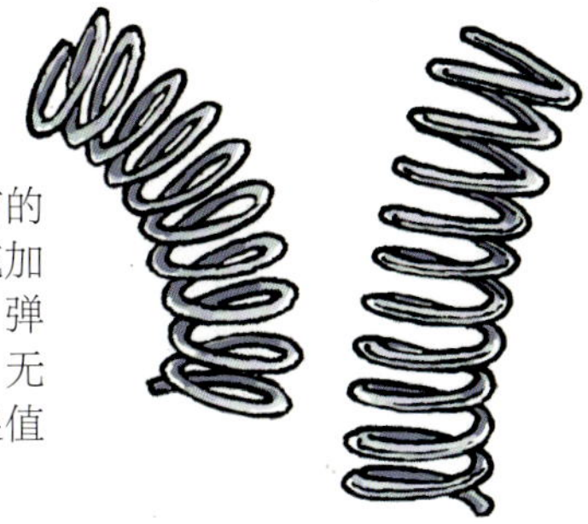

脆性材料

如果施加足够的力，大多数材料最终都难免断裂破碎。有些脆性材料，例如玻璃和陶瓷，在达到断裂点之前几乎不会发生任何形变。如果跌落在坚硬的表面，陶瓷杯很可能四分五裂。

速度

对科学家来说，“加速”代表的并非“速度加快”，而是物体速度的变化。速度表示在特定方向上物体移动的快慢程度。速度加快或减慢，或者保持恒定速率但方向发生了改变，我们都可以说这个运动物体正在“加速”。例如，做圆周运动的物体具有恒定的速率，但由于不断变化的方向，我们称该物体的速度正在变化，即正在“加速”。

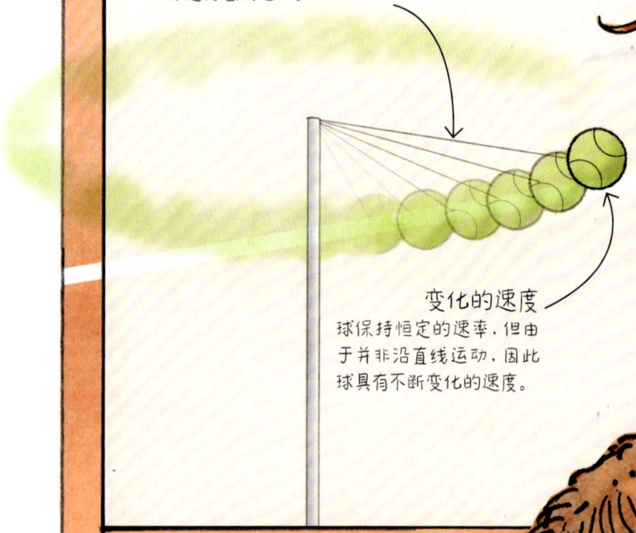

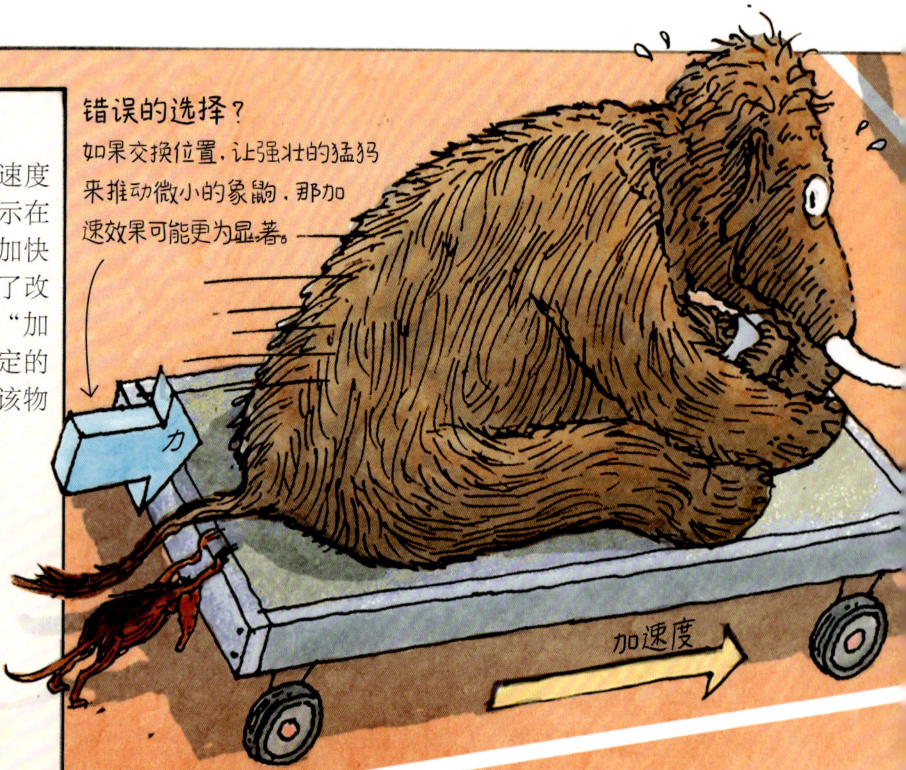

错误的选择？

如果交换位置，让强壮的猛犸来推动微小的象鼩，那加速效果可能更为显著。

力与质量

一头猛犸坐在手推车上，依靠象鼩提供的推力加速。比较这辆车与其他两辆参赛车辆的加速度。

质量加倍

推车装了两头猛犸，意味着质量增加了一倍。一只象鼩推着载有两头猛犸的赛车，因此产生的加速度最小——这个组合可能很难获得领先。

落后了

想要赶上领先的猛犸赛车，这只象鼩提供的推力必须大于领先赛车所受的力。

加速度

想要加快速度，物体需要推力或拉力。物体速度变化的快慢（即加速度）取决于力量的大小。这场比赛中，充满活力的象鼩是猛犸赛车的动力源。只要象鼩继续推动，赛车就会持续加速。加速最快（加速度最大）的推车最先达到最高速度，并将赢得比赛。但是，请仔细观察，这并不是一场公平的竞赛。

猛犸赛车

这场猛犸竞速赛只有一位胜利者，因为物体的加速度不仅取决于施加的力，还受物体质量的影响。用相同的力推动两个不同质量的物体，较轻物体将获得更高的加速度；如果两个物体的质量相同，更大的动力意味着更高的加速度。

力量加倍

推着载有单头猛犸的赛车的两只象鼩可以产生最大的加速度，因此这辆赛车赢得比赛的概率最大。

提高胜算
如果猛犸能够减轻点儿质量，那么在下一次比赛中获胜的概率就会增加。

冲线
两只象鼩提供了两倍于单只象鼩的推力。

动量

高速行进的火车、滚动的球还有荡秋千的猛犸，有些移动的物体可能很难停下来，因为这些物体拥有巨大的动量。物体的质量越大，运动速度越快，则拥有的动量就越多。与其他物体碰撞时，移动物体可以传递动量，正如这群笨重的猛犸所演示的那样。

碰撞课程

5头猛犸借助钢索悬在空中，排成了一排。侧向拉起一端的猛犸然后放手，让这头猛犸撞击静止在空中的猛犸。注意观察，原本移动的猛犸停止了运动，但它的动量沿成排的猛犸传递，让另一端的猛犸“飞”了出去。

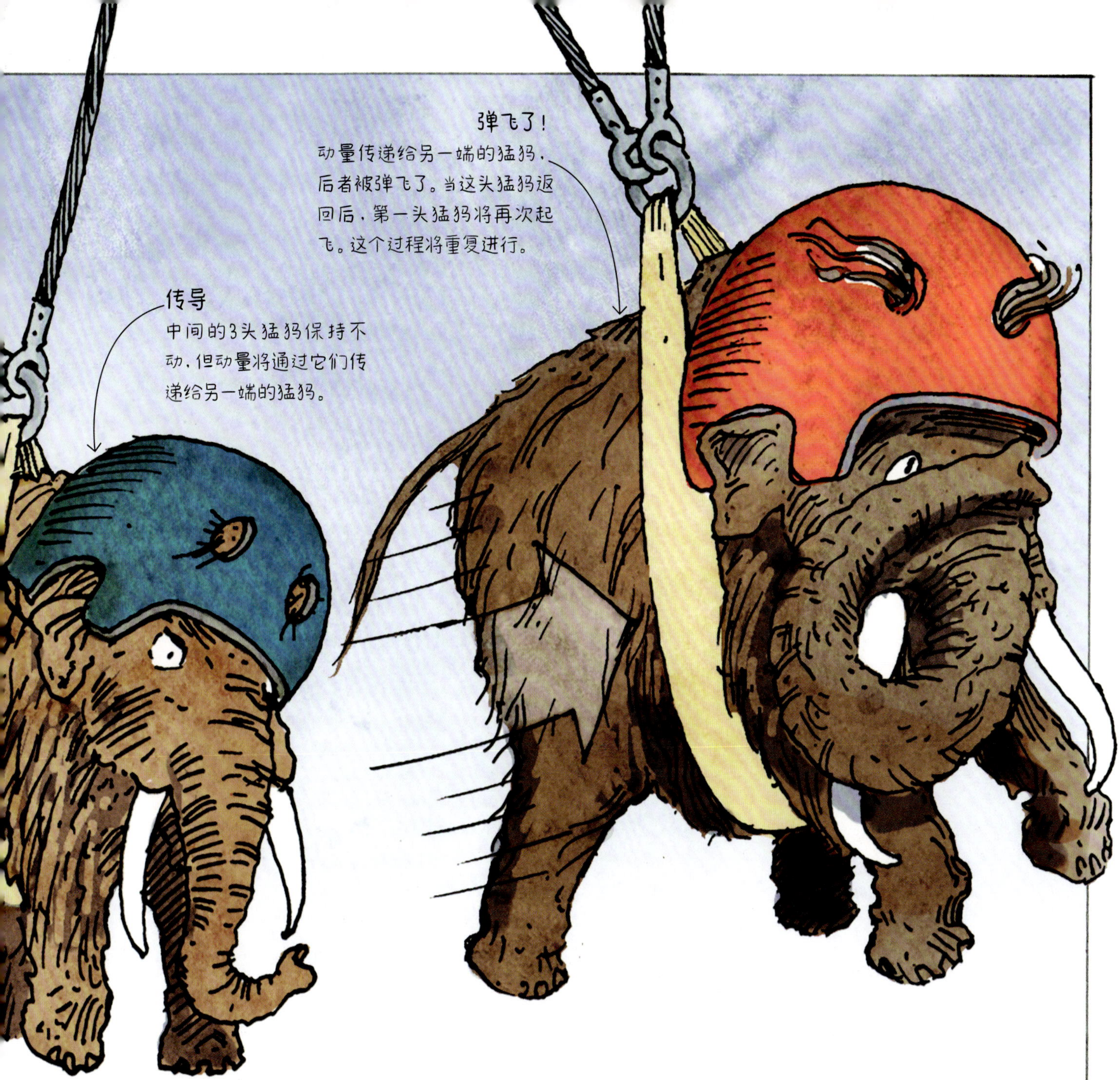

动量守恒

发生碰撞时，某些物体可能减速或停止，但碰撞前后的总动量保持不变。这种规律称为动量守恒定律。在斯诺克台球游戏中，受白色母球撞击后，所有红色球都开始移动。不过，每颗红色球的动量都不及撞击前的白色母球的动量，但所有红色球的总动量与白色母球的动量相同。

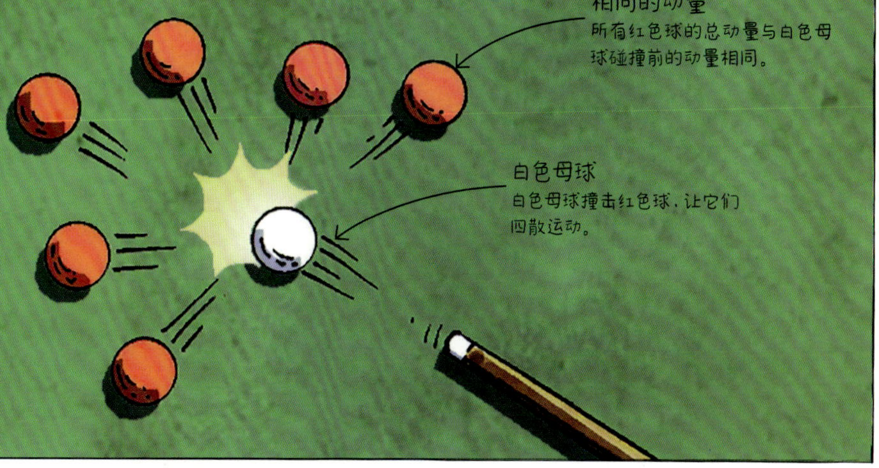

作用力与反作用力

在漫无边际的宇宙中，每一个力都伴随着一个大小相等、方向相反的力。换句话说，每种作用都对应一个相等而相反的反作用。作用力与反作用力是大小相等但方向相反而且作用于不同物体的一对力。

火箭的作用力与反作用力

推动火箭升空是一个典型的反作用力应用实例。燃料在火箭内部燃烧，产生了大量的热废气，气体膨胀并挤压火箭发动机的内壁，进而获得向下的反作用力。因此，受到挤压的气体高速向下喷出，为火箭提供了大小相等、方向向上的推力。

火箭与反作用力

借助爆炸的作用力与反作用力，这头猛犸摆脱了重力的吸引，离开地面并升到了空中。绑在猛犸背部的火箭发动机可以向下喷射高压气流，以获得相反方向的反作用力——推力。如果推力足以克服让猛犸留在地面的重力，猛犸将离开地面升上天空。

在地面

对于站在地面的猛犸来说，作用力与反作用力同样存在：重力将猛犸拉向地球，同时将地球拉向猛犸，两个力大小相等，方向相反，作用于不同的物体。

引力

引力，或者称为重力（地球表面物体与地球之间的引力通常称为重力），是月球留在地球轨道以及防止地球表面物体飘浮并进入太空的一种力。任何两个物体之间都存在拉动彼此的引力。但是，引力通常十分微弱，质量巨大的物体（例如地球）附近的引力则十分明显。物体的质量越大，引力越大。

一次飞跃

月球的质量远小于地球，因此月球表面的引力（月球重力）要弱得多。在月球上，猛犸跳跃的高度远超地球，每一步都称得上一次飞跃。

引力的定义

引力是两个物体之间的作用力，物体的质量越大，距离越近，引力的拉拽效果越明显。

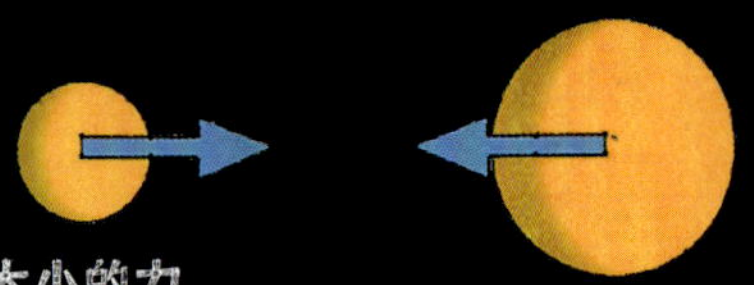

同等大小的力

即使质量差异巨大，两个物体受到的力仍大小相等：较小物体拉动大型物体的力与大型物体拉动较小物体的力大小相等。

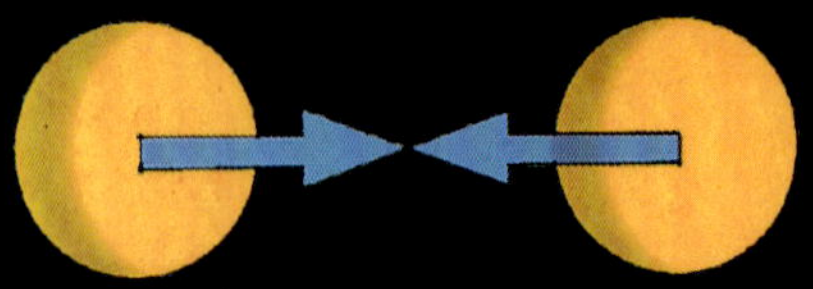

更大的质量，更大的引力

引力的大小受每个物体质量的影响：其中一个物体的质量加倍意味着两个物体间的引力增加一倍。

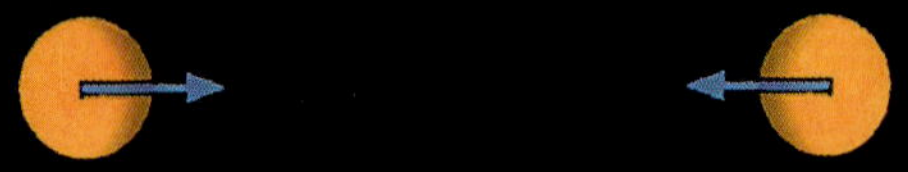

更远的距离，更小的引力

物体之间的距离增加会减弱引力：距离增加一倍，引力将减小到原来的1/4。

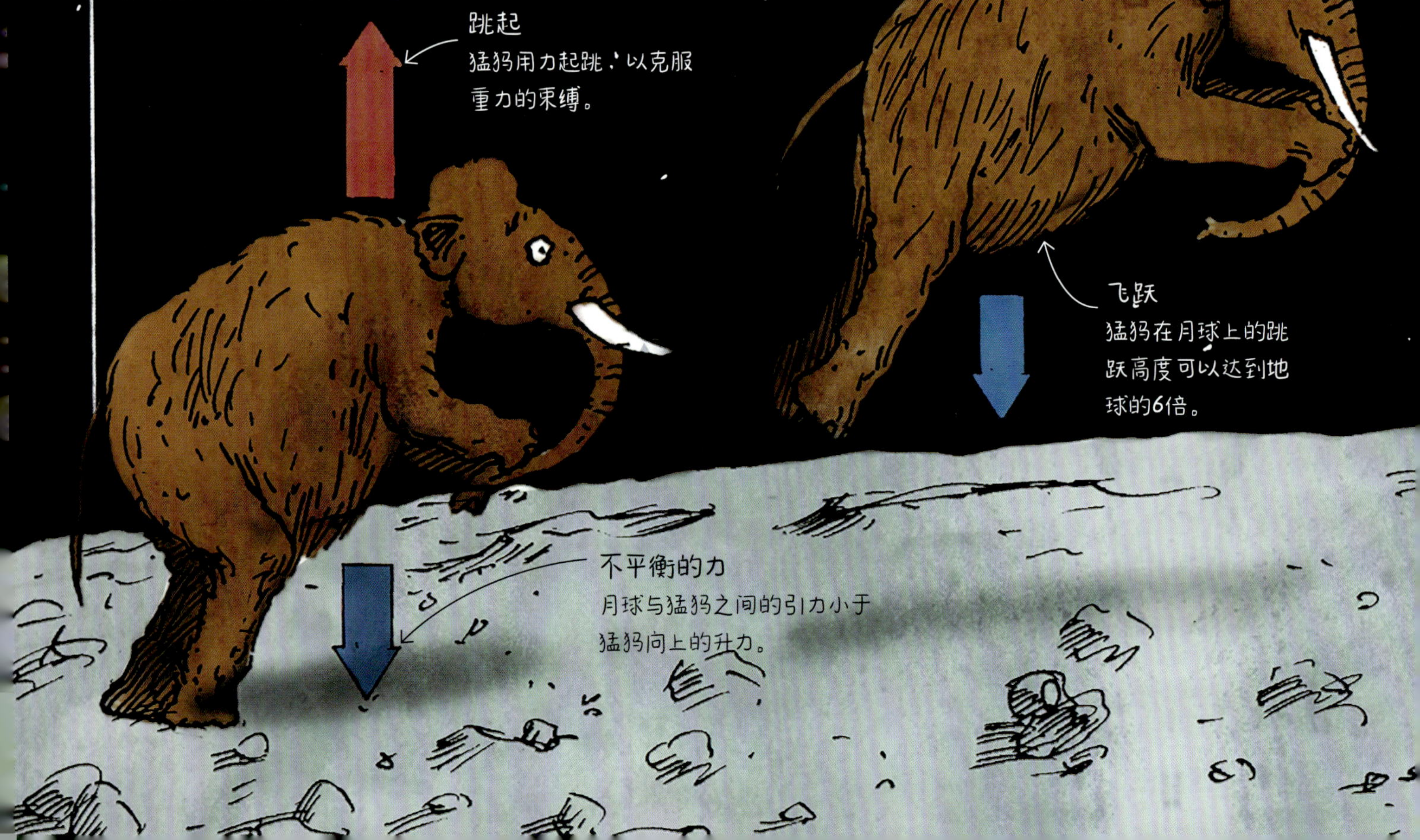

质量与重量

质量表示物体所含物质的数量，而重量是一种力——重量表示物体（在地球上）所受向下重力的大小。无论在地球还是月球，猛犸的质量始终相同，但重量会因为引力的变化而改变。

在月球的重量

猛犸在月球上的重量是地球的1/6，因为月球重力是地球的1/6。尽管质量没有变化，相同的体重秤也显示出了不同的计量结果。

在深空的重量

假设猛犸可以到达远离银河系的外太空。由于远离行星或恒星，深空的引力非常小，猛犸的重量几乎降到了零，因为体重秤感觉不到猛犸任何向下的压力。

摩擦力

在任意表面推或拉某个物体，我们都可以或多或少地感受到一个相反方向的作用力——摩擦力。摩擦力是两个表面摩擦时产生的一种接触力。沿滑道下滑时，由于摩擦力很小，猛犸的速度不断增加。但是，到达地面后，粗糙的表面让摩擦力大幅度增加，猛犸的感受就没有那么舒适了。

光滑的滑道

由于光滑表面与毛茸茸身体之间的摩擦力很小，猛犸在重力作用下沿滑道加速下滑。

停滞的水桶

象鼩正在努力克服水桶和地面之间的摩擦力。

生活中常见的摩擦力

任何两个相对移动的表面都会产生摩擦力。摩擦力有时非常有用，例如紧贴路面的轮胎和自行车的制动器。其他情况下，摩擦会减慢物体的速度，形成阻碍。摩擦还会降低机器的效率，磨损设备的移动部件。用一层液体分隔活动部件可以减少摩擦并防止部件磨损，这种方式称为润滑。

增加摩擦

鞋底通常为橡胶材质，目的是增加摩擦力并防止我们滑倒。摩擦可以帮助我们行走，产生前进的动力。

减少摩擦

自行车链条和齿轮可能因为摩擦而相互卡住。添加润滑油能够让接触面变得更光滑，减少摩擦。

黏滞的表面

要保持物体运动，我们必须提供足够大的推力或拉力，以克服摩擦力。在滑道的顶部，重力让猛犸下滑。但是，到达滑道底部之后，猛犸失去了继续前进的动力。随着摩擦力的增大，猛犸很快减速并停止了移动。

硬着陆

猛犸继续沿地面移动。但是，猛犸与粗糙地面之间的摩擦力很大，所以这头巨兽很快停止了运动。如果滑道下方的地面铺满了冰，猛犸将继续移动更长距离。

特写

所有表面都布满了微小的起伏，而这些凸起和卡滞会产生摩擦力。表面越粗糙，凸起越多，摩擦力就越大。

发烫的底部

摩擦总是伴随着发热，而热来自运动物体减速时损失的能量。

阻力

在空气中移动时，我们必须推开空气。推动空气的同时，空气也会以相同大小的反作用力阻挡我们。这种力称为空气阻力（或阻力）。物体越大，移动速度越高，物体需要推开的空气越多，阻力就越大。空气阻力类似摩擦：同固体表面相对移动时产生的摩擦力一样，空气阻力也能够减慢物体的移动速度。

加速赛

这两头猛犸使用了相同类型的雪橇，从同一个坡道滑下，但两者的速度差异巨大。第一头猛犸坐直了身子，提供了与空气接触的巨大表面，因此它将面临强大的空气阻力。与此同时，另一头猛犸采用了减少阻力的措施，因此在这场比赛中取得了领先。

流动的空气

空气轻松滑过流线外形的猛犸，减少了湍流。

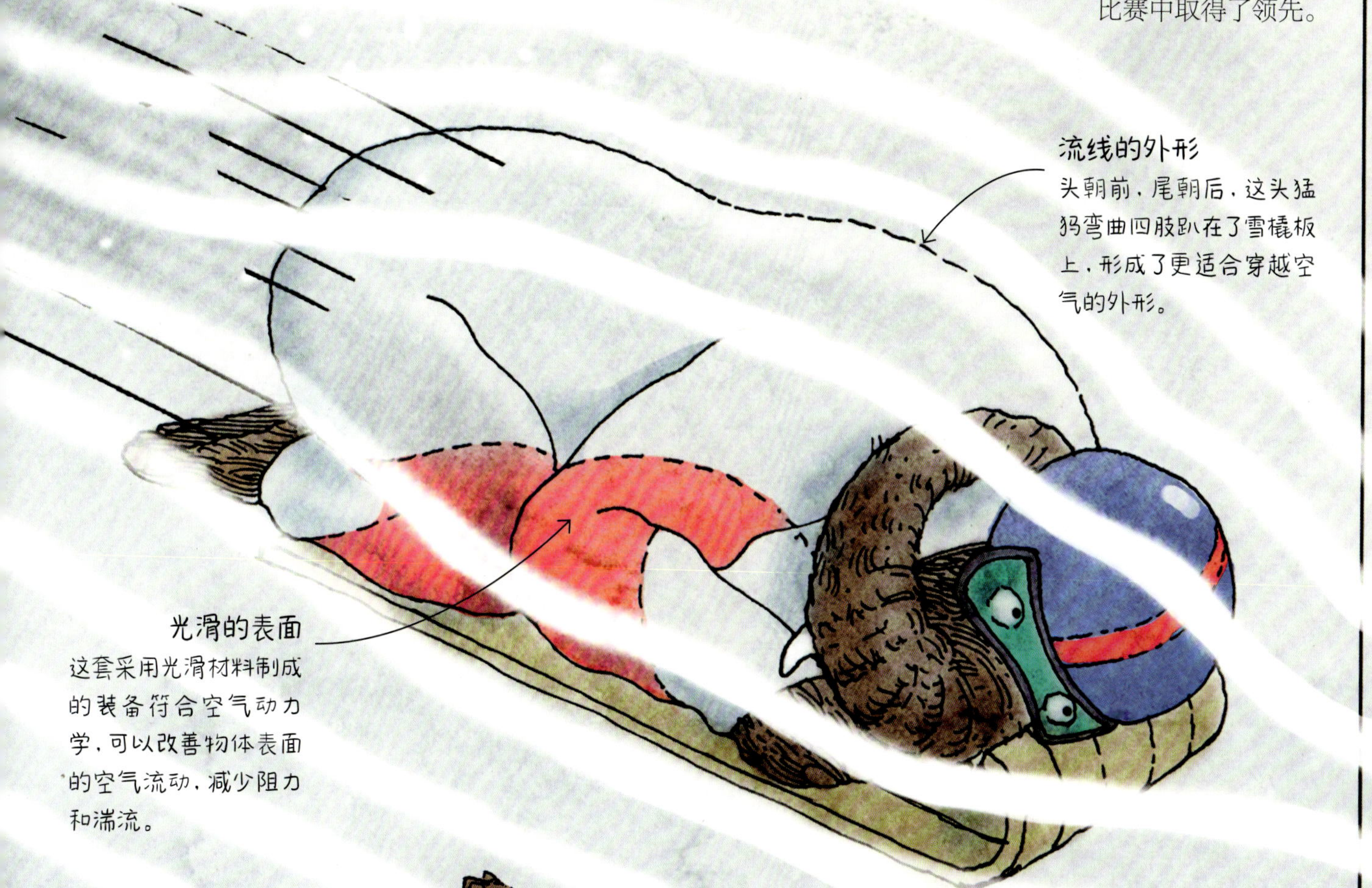

流线的外形

头朝前，尾朝后，这头猛犸弯曲四肢趴在了雪橇板上，形成了更适合穿越空气的外形。

光滑的表面

这套采用光滑材料制成的装备符合空气动力学，可以改善物体表面的空气流动，减少阻力和湍流。

水的阻力

在空气中移动的物体会遇到空气阻力，在水或任何其他液体中移动的物体同样无法摆脱阻力的影响。水的密度远高于空气，所以推开水需要更大的力和更多能量。这就是（相比空气中）在水中移动十分困难的原因，也是当今船舶外形（尖船头和流线型船身）大同小异的原因。

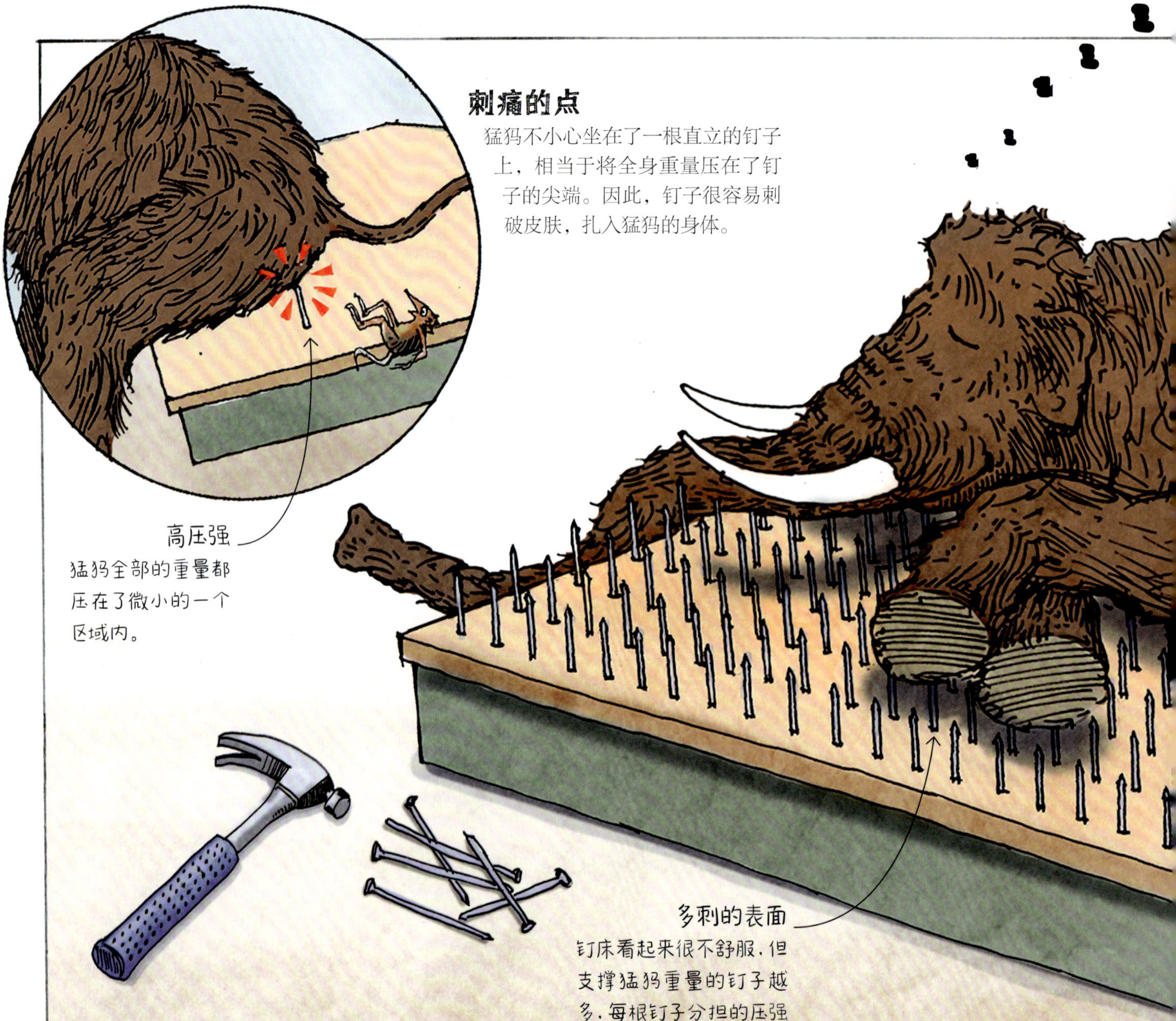

压力

用力推某物时会在该物体上施加压力。压力是集中或散开于特定区域的力。相同的力可以产生或高或低的压强，具体取决于作用面积：面积越小，压强越大。例如，图钉和钉子很容易扎入坚硬物体，因为它们的尖端能够将推力集中在很小的一个区域。末端越尖锐（面积越小），压强越高。

钉床

虽然躺在尖锐的钉子上，但为什么这头猛犸看起来十分舒适？你可能认为钉子肯定会扎破皮肤。不过，大量的钉子分担了猛犸的重量，因此每根钉子承受的压强都很小。午休时间到！

安枕无忧

猛犸躺在钉床上，但数百根钉子分担了它的重量，因此每根钉子受到的压强都很小。毫发无损地躺在钉床上完全可能，真正的挑战在于如何避免上下“床”时被扎伤，对身躯沉重的猛犸来说尤其如此。

液体的压强

液体和气体也可以产生压力。例如，向气球中吹气，空气向外挤压，然后气球膨胀。液体也会因为自身重量产生压力，因此（水或液体的）压强会随着深度增加而增大。通常，一瓶水底部的压强高于顶部的压强。我们可以通过在瓶身上打孔来加以证明：孔越接近底部，排水的速度越快。

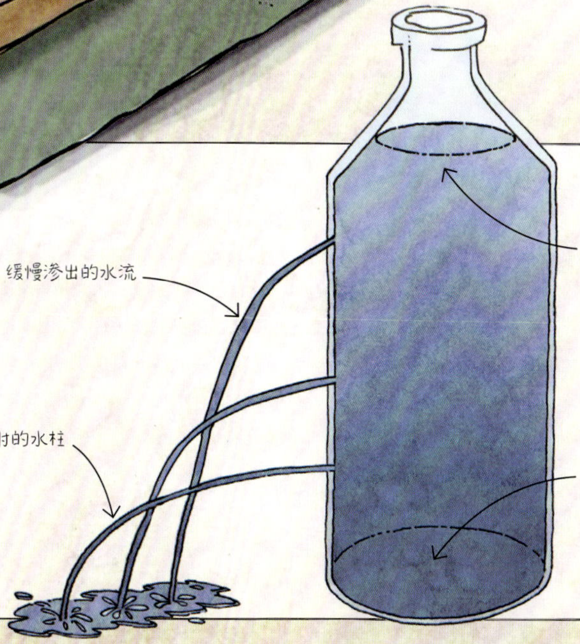

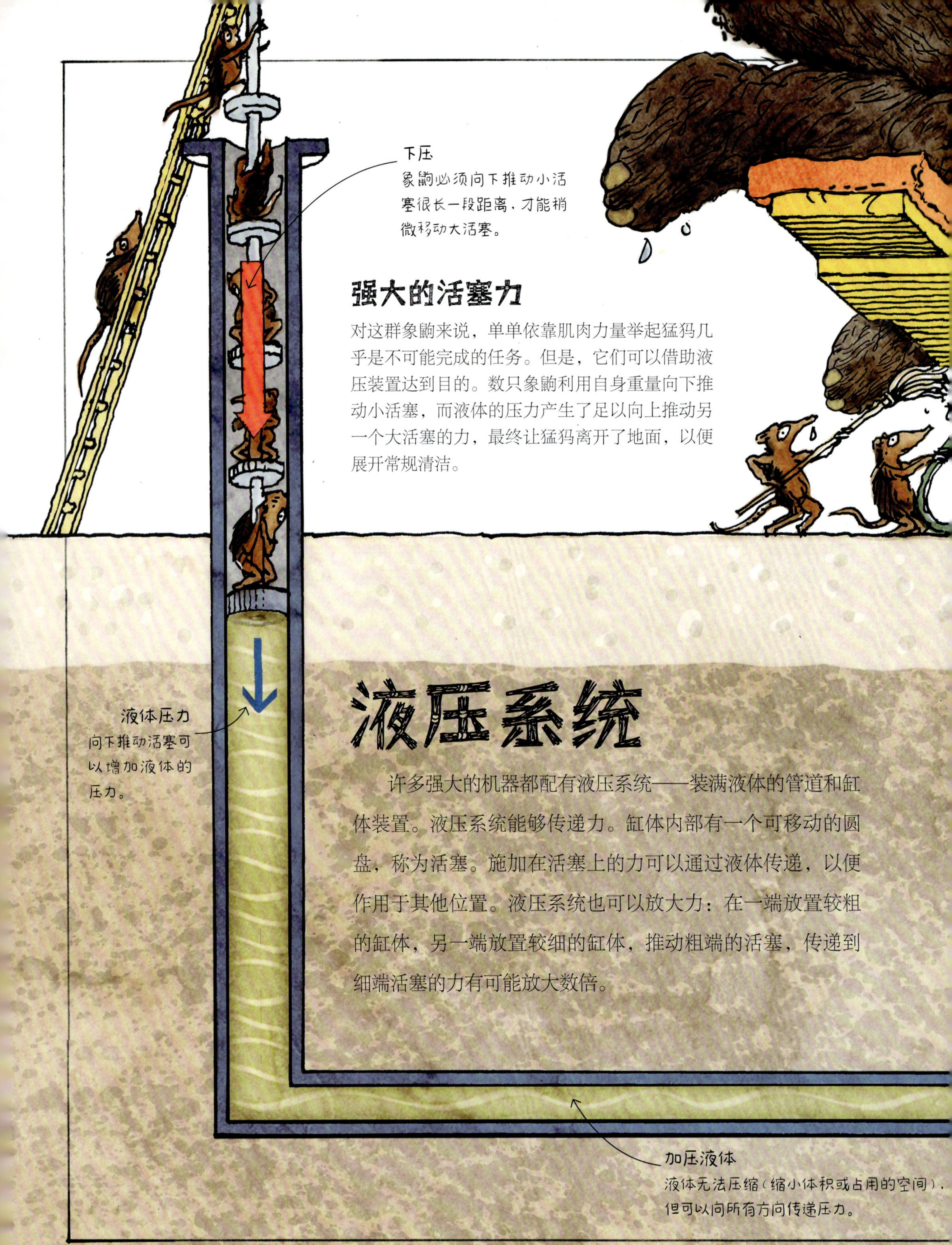

强大的活塞力

对这群象鼩来说，单单依靠肌肉力量举起猛犸几乎是不可能完成的任务。但是，它们可以借助液压装置达到目的。数只象鼩利用自身重量向下推动小活塞，而液体的压力产生了足以向上推动另一个大活塞的力，最终让猛犸离开了地面，以便展开常规清洁。

液压系统

许多强大的机器都配有液压系统——装满液体的管道和缸体装置。液压系统能够传递力。缸体内部有一个可移动的圆盘，称为活塞。施加在活塞上的力可以通过液体传递，以便作用于其他位置。液压系统也可以放大力：在一端放置较粗的缸体，另一端放置较细的缸体，推动粗端的活塞，传递到细端活塞的力有可能放大数倍。

踩刹车！

车辆制动系统也应用了液压装置，可以传递驾驶员踩踏刹车踏板的力，并将较小的力转换成足以让重型汽车停止移动的力。踩下制动踏板，液压装置通过液压油将压力传递到推动刹车片（制动器摩擦片）的活塞。这些耐磨的刹车片贴紧与车轮固定的金属碟片（刹车盘），然后依靠刹车片和刹车盘之间的摩擦迫使车辆减速，甚至完全停止。

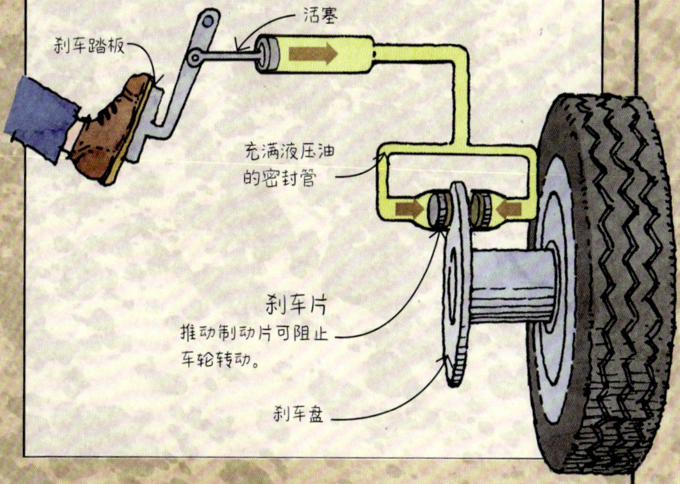

救生圈

救生圈中充满了空气，而空气的密度远低于水，可以帮助猛犸浮在水面。

越升越高，越飘越远！

物体可以在气体和液体中飘（漂）浮。这只气球充满了密度小于空气的氦气，因此在空气中越飘越高。

漂浮

为了让身体漂浮在水面，这头猛犸套上了一个充气的救生圈。空气的密度远低于水，因此降低了猛犸的平均密度，让它得以漂浮在水面。

液体中的力

水中的物体会受到两个力的作用：物体的重量（重力）和称为浮力的力。物体放入水中时会排开一定的水，而物体受到的浮力等于所排水的重量。浮力垂直向上。如果物体的密度高于水，物体的重量大于浮力，则物体下沉；如果物体的密度低于水，则物体浮在水面。

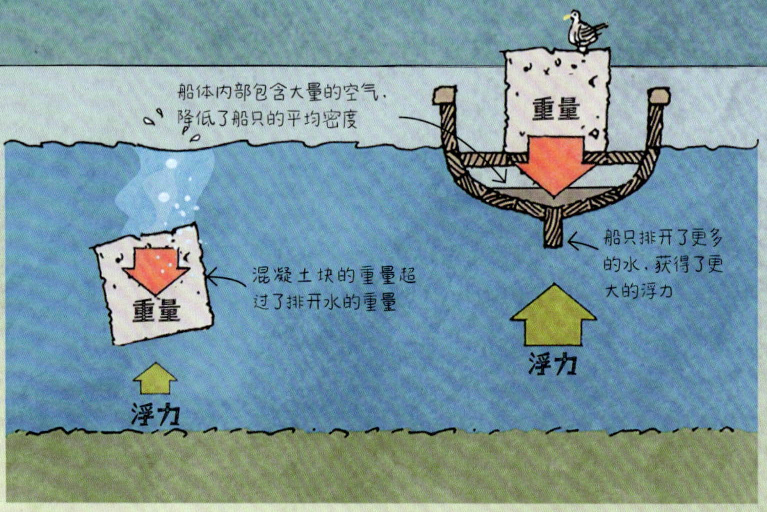

漂浮

进入水中后，猛犸会下沉还是自由地游泳？这可能要看它是否学过游泳。不过，猛犸能否漂浮取决于它的密度。密度小于水的物体将漂浮，而密度大于水的物体将下沉。

变化的密度

猛犸是哺乳动物，而哺乳动物大多可以漂浮在水面，因为哺乳动物的身体密度略低于水。在水中，猛犸的身体可能会大多没入水中，只有头露出水面。套上救生圈或者配重带，猛犸可以让身体更多地露出水面，或者完全没入水中。

下沉

这头猛犸穿上了沉重的潜水服，戴上了配重带。这些装备让猛犸的平均密度超过了水，因此它现在可以潜入海底探险，在海床上漫步了。

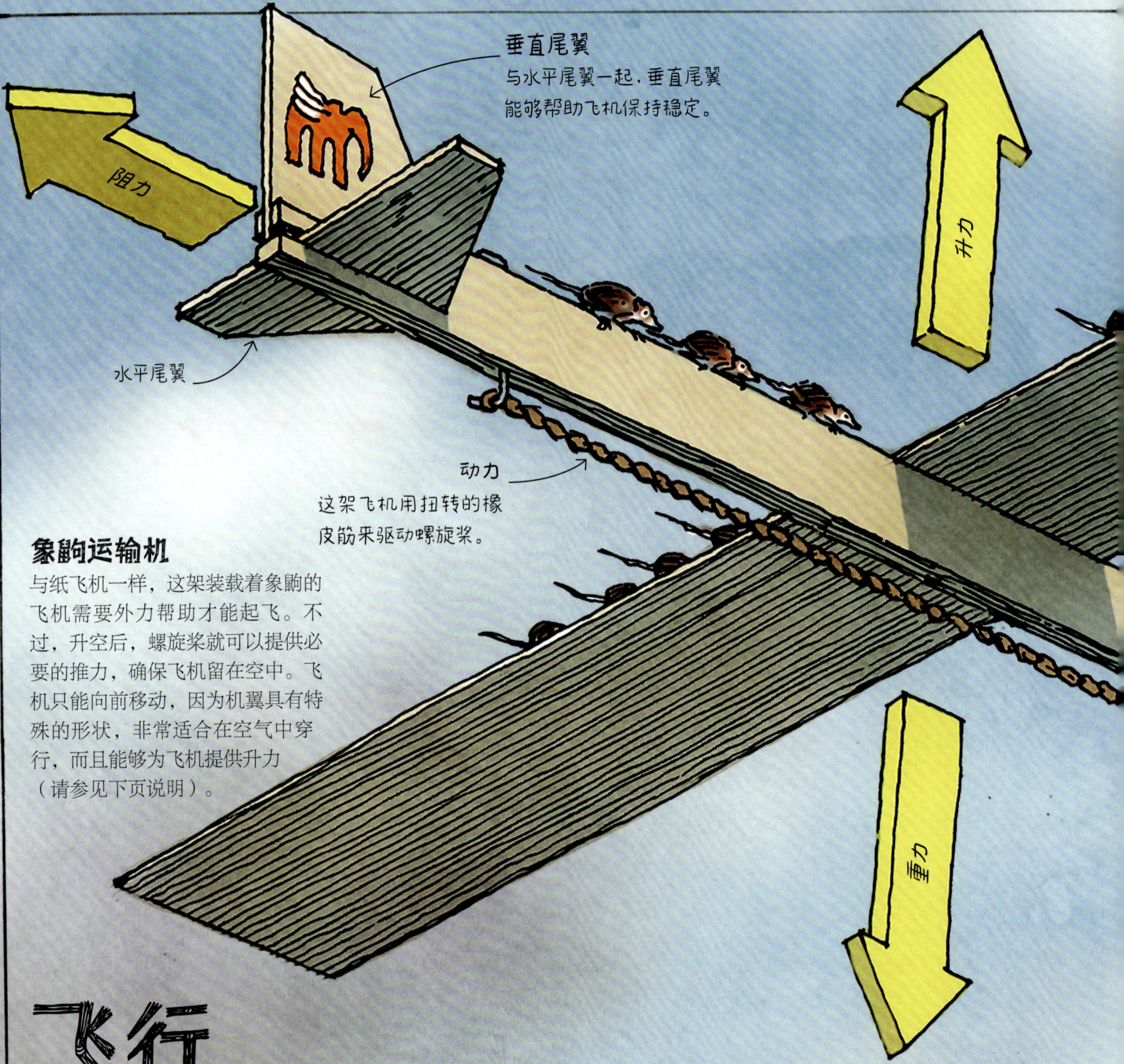

象鼩运输机

与纸飞机一样，这架装载着象鼩的飞机需要外力帮助才能起飞。不过，升空后，螺旋桨就可以提供必要的推力，确保飞机留在空中。飞机只能向前移动，因为机翼具有特殊的形状，非常适合在空气中穿行，而且能够为飞机提供升力（请参见下页说明）。

飞行

无论巨大的喷气式飞机还是简单的纸飞机，所有可以飞行的物体都会受到相同的4个作用力：升力是飞机升空的动力，重力让飞机下落，推力推着飞机向前移动，阻力或空气阻力是阻碍飞机前进的力。起飞时，飞机需要超过阻力和自身重力的推力与升力；升空后，飞机以稳定的速度向前飞行，此时飞机受到的力处于平衡状态。

无所畏惧的飞行者

这是一只鸟？还是一架飞机？那是一群勇敢的象鼩，它们登上了一台飞行器！这台轻木制成的飞行器用一根橡皮筋提供动力：手动旋转螺旋桨来旋紧橡皮筋，直到橡皮筋完全绷紧。然后，放开螺旋桨，橡皮筋因为弹性而开始恢复原状，带动螺旋桨旋转并推动飞机前进。

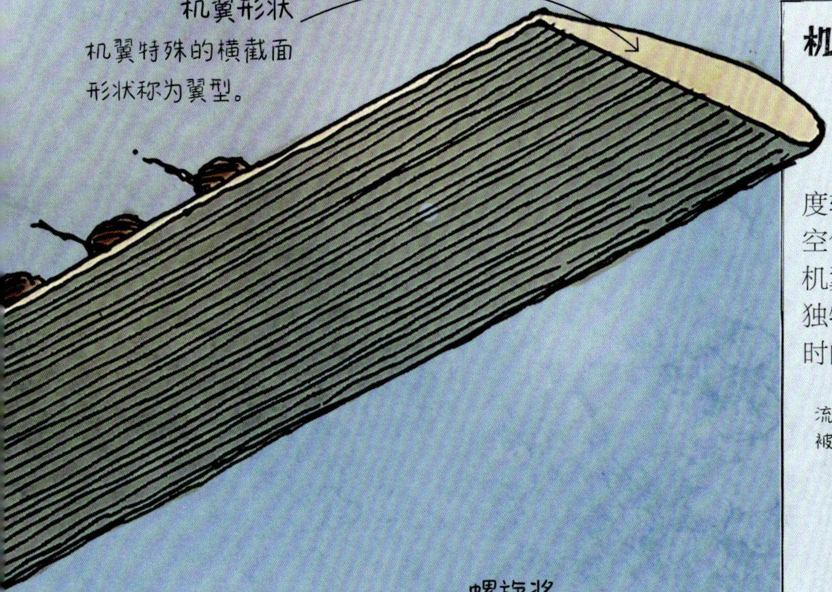

机翼的原理

飞机机翼具有一定的倾斜角度。在空气中移动时，机翼能够迫使部分空气从机翼上方越过，其他空气则从下方穿过。机翼上方的空气移动速度较快，而下方的空气移动速度较慢。快速移动的空气产生的压力低于慢速移动的空气产生的压力。机翼上方和下方的空气压力差可以产生升力。机翼独特的弯曲形状称为翼型，能够减少空气流过机翼时的阻力。

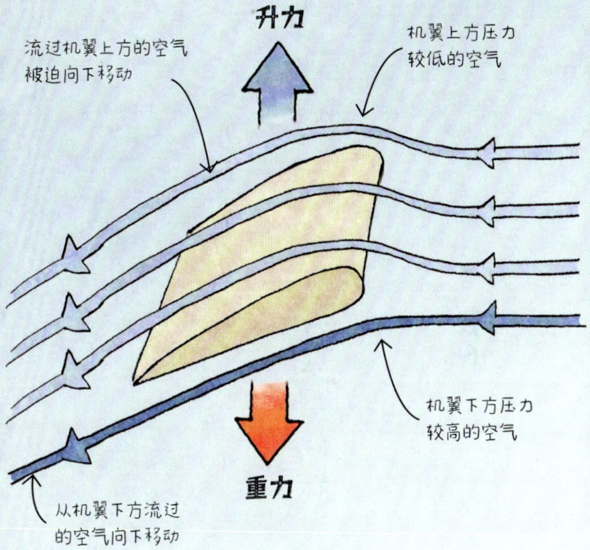

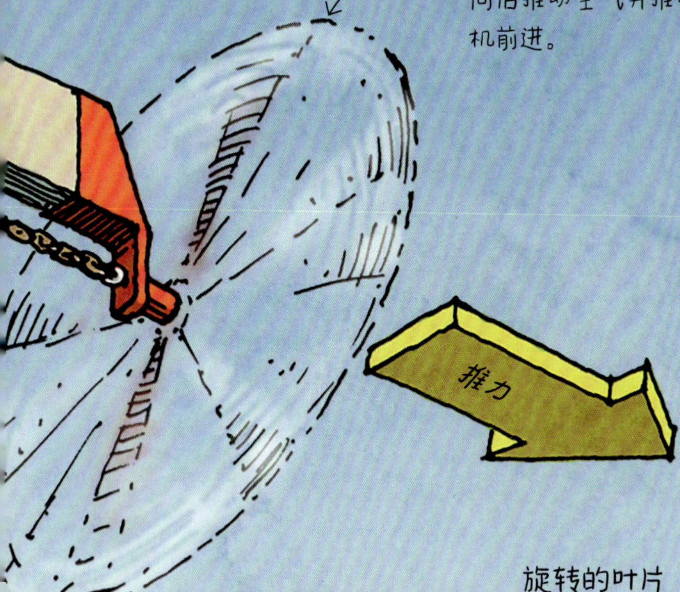

旋转

飞机通常采用固定机翼，而直升机和无人机多使用旋翼——用于提供升力的旋转叶片。旋翼高速向下推动空气，以获得向上的升力。

强有力的机器

这头机器猛犸采用了多种简单机械，可以增强象鼩施加的力，帮助它们采摘果树高处可口的水果。仔细观察，然后按顺序列举这头机器猛犸采用的所有简单机械，以及这些机械的运作方式。

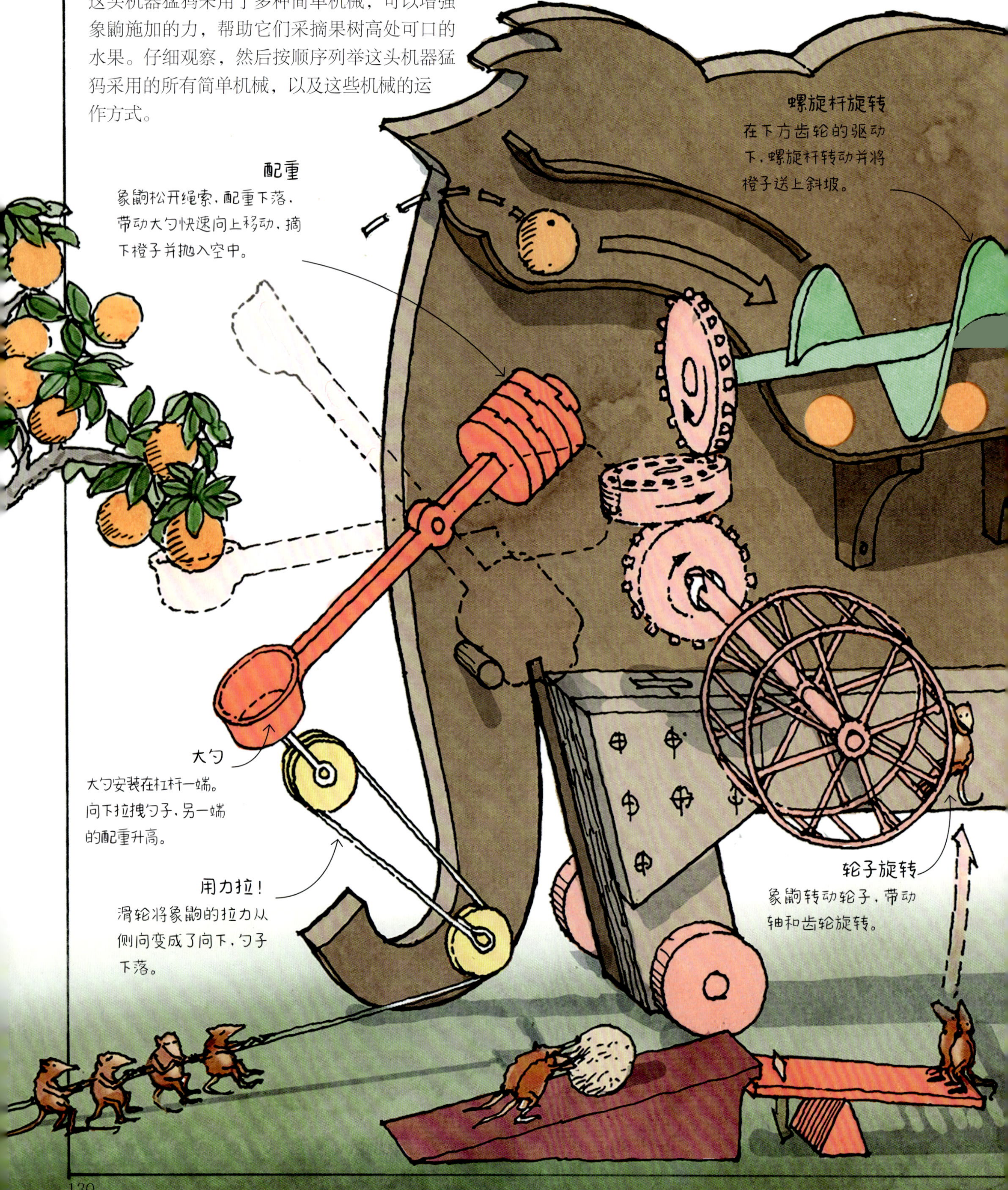

简单机械

机器是有用的工具，可以帮助我们完成很多工作。从自行车到汽车发动机，大多数复杂机器都是简单机械的组合。6类最基础的机械都可以通过某种方式改变力：改变力的方向，或者增强或减弱力。大多数机器能够提供“机械优势”，意味着它们能够增强力并简化工作。

简单机械的分类

简单机械主要分为6类，每类都能够在某种程度上改变自身受到的力。但是，力的改变并不能凭空实现。举例来说，要增加力的大小，我们必须延长力的作用距离。

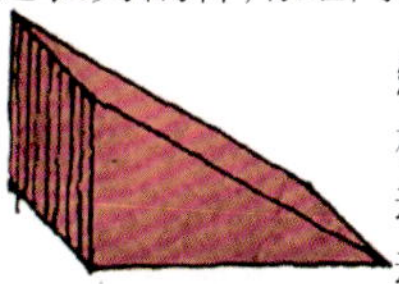

斜面
相比垂直抬升，沿坡道或斜面推动物体更容易一些，但物体的移动距离将增加。

楔形
楔形可以视为两个背靠背倾斜平面的组合。楔子可以插入其他物体，进而将物体一分为二。斧就是一种楔形工具。

螺旋
螺旋是环绕圆柱体的一个倾斜平面。旋转螺旋杆可以改变力的方向。

杠杆
杠杆是一根绕固定点（支点）转动的刚性杆，能够以较小的力举升较重的物体。

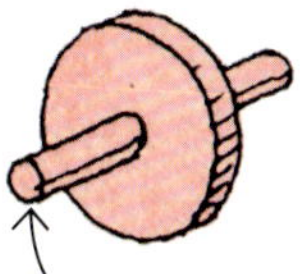

轮轴
轮轴是轮子和中心横轴的组合，轮子与中轴可以绕共同轴线旋转。转动中轴可以让轮辋转动更远的距离，而且需要的力较小。

滑轮
单滑轮可以改变力的方向，两个或更多滑轮的组合能够让我们用较小的力举起物体，但拉动绳索的距离将增加。

地球与太空

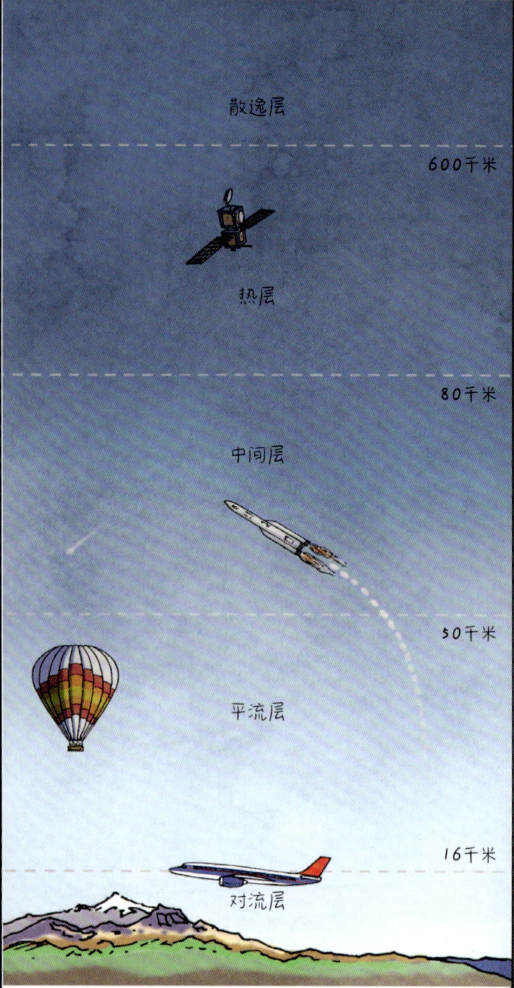

地球的大气层

地球大气的主要成分是氮气和氧气，还有少量的二氧化碳和其他气体。大约75%的大气物质集中在最低层，即对流层。对流层也是各种天气现象主要发生的层位。越往上，大气越稀薄，最终与宇宙空间相交。

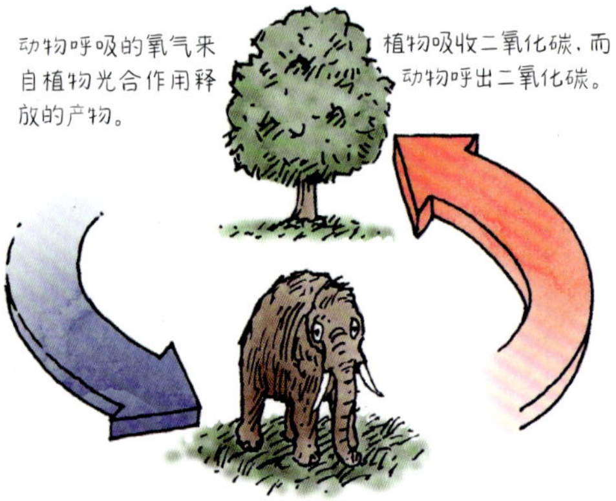

有生命的星球

生命在地球上无处不在，从最深的海洋到最高的山峰。大多数动物和植物需要大气中的气体才能生存，它们在永无止境的生命循环中将气体释放回大气中。

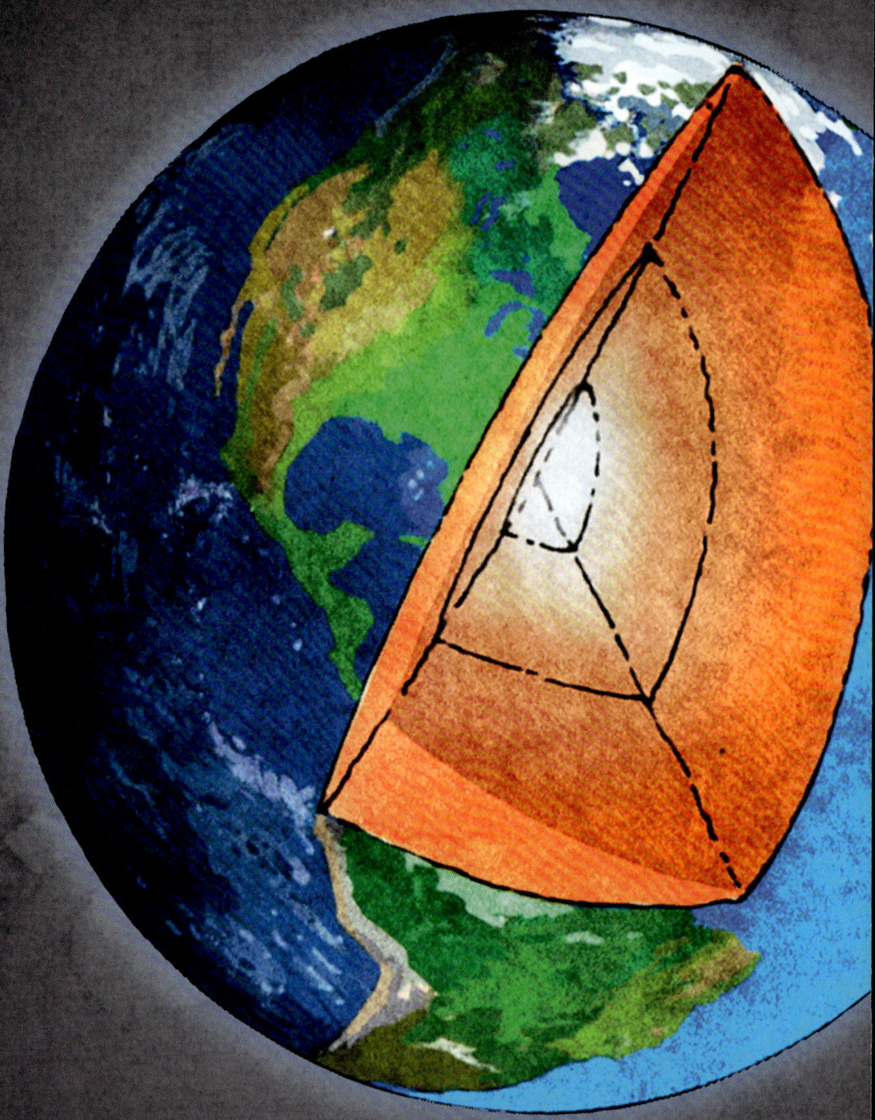

地球

地球是太阳系的第三颗（从内向外的顺序）行星，也是迄今我们唯一证实了存在生命的星球。地球有大约71%的面积被海水覆盖。整个星球被称为大气层的一层气体包裹。地球内部是由金属和岩石构成的内部圈层，从地表向内部，温度和压力在不断增加。

地球内部结构

地球最外侧的圈层是薄薄的岩石圈。岩石圈平均厚度33千米，最厚也不过60～70千米。再向内分为地幔和地核。地幔又分为上地幔和下地幔。地核分为外核和内核。从地表到地心的平均距离是6371千米。

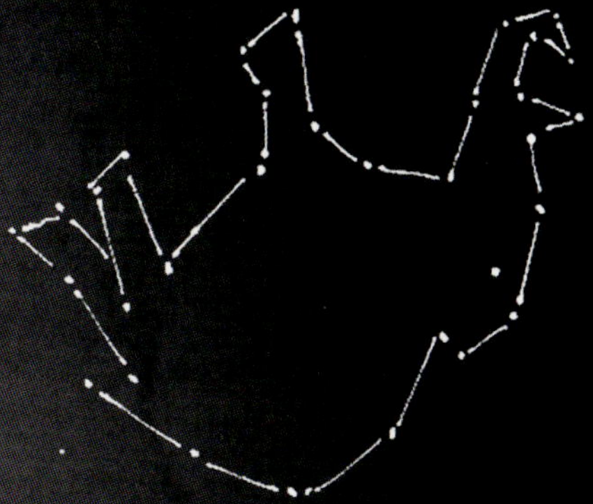

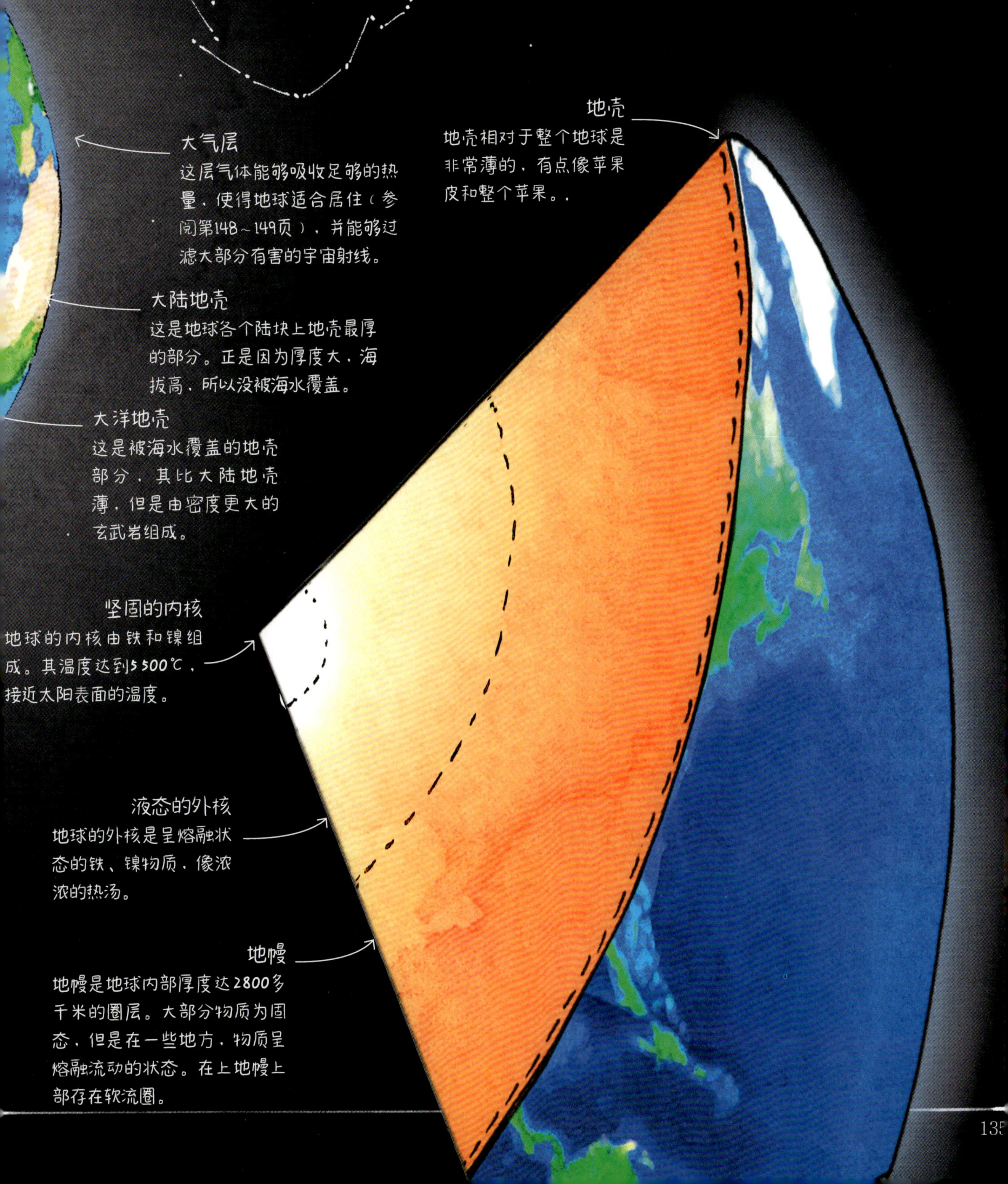

地球的七巧板

地球上各个板块拼合在一起，就像七巧板游戏。板块缓慢地运动，承载着其上的大陆。这也就意味着亿万年之后的海陆分布格局和今天会大不相同。

运动的地幔物质

板块之所以移动是因为它们浮在地幔之上。地幔温度很高，岩石处于熔融状态并能够缓慢流动。地幔也出现像热对流（参阅第83页）一样的对流运动，热的岩石或岩浆上涌而冷的岩石下沉。由于近地壳的地幔在对流作用下水平流动，也带动了上面的地壳运动。

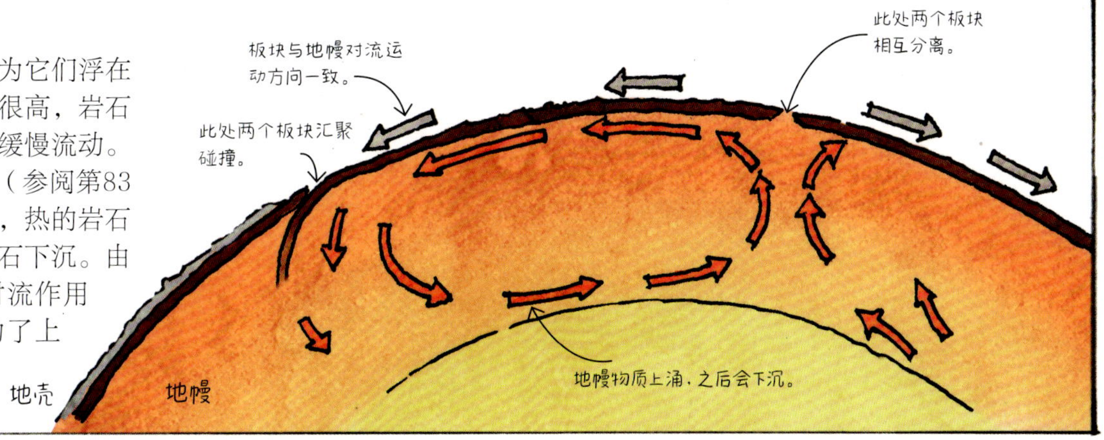

板块构造

地球表层岩石圈在不断移动中。其由不同板块拼合而成，就像一个巨大的七巧板。板块漂浮在上地幔的软流圈上。板块移动的速度非常缓慢，和手指甲生长的速度差不多。但是板块相互作用的能量可以被突然释放出来，导致地表景观发生显著变化。

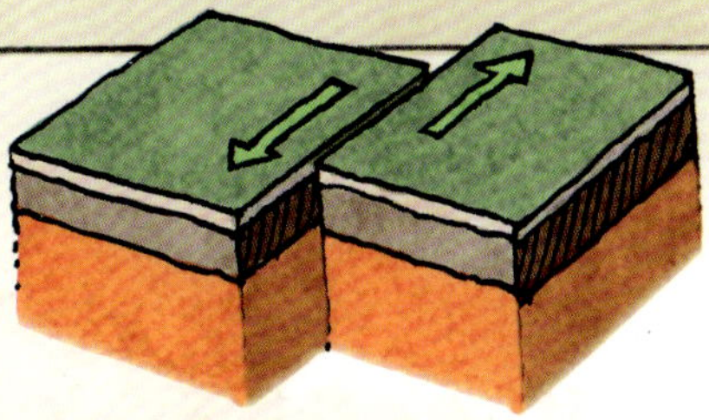

平移型板块边界

两个板块相互平行，擦肩而过。两个板块之间以断层相隔。当两个板块相互摩擦时，在边界区会诱发地震。

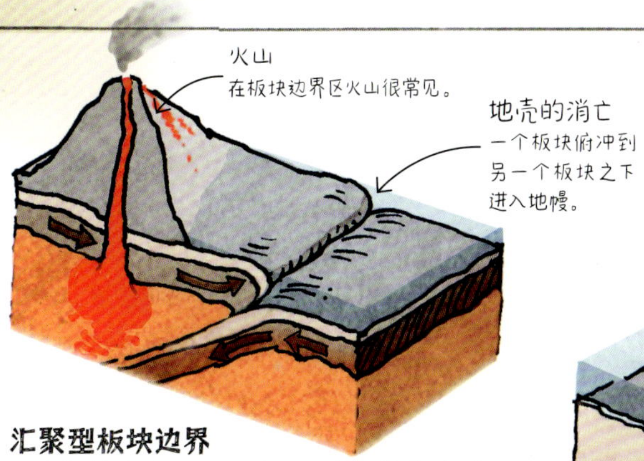

汇聚型板块边界

两个板块发生汇聚碰撞，一个板块俯冲到另一个板块之下。在俯冲作用下，会形成很多的高山。

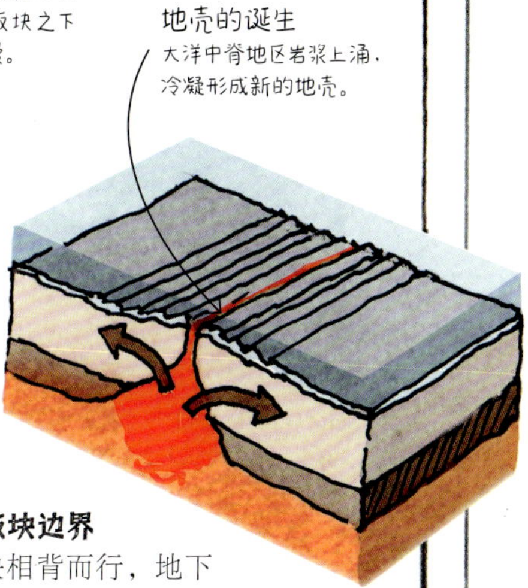

分离型板块边界

两个板块相背而行，地下岩浆上涌来补充这个空隙，从而形成新的地壳。这种运动导致大陆裂谷和大洋中脊的形成。

板块边界

两个板块交界处就是板块边界，这里是地质作用力的表演场。在板块边界处，新地壳诞生，老地壳消亡，山脉隆起，巨型裂谷出现，伴随着火山和地震活动。根据相邻板块的相互运动方式，板块边界分为汇聚型板块边界、分离型板块边界和平移型板块边界。

岩石的形成

有些岩石的形成速度异常缓慢，需要数万年的时光。地球的板块构造运动使得地下的岩石被加热，并受到挤压。风吹、日晒、雨淋则会使得地表的岩石破碎，形成松散沉积物。这些沉积物会被搬运走。猛犸正在它们的实验室中模拟岩石形成的环境。

炽热的岩石

猛犸这个实验就是在用熔炉模拟地下的高温环境。呈熔融状态的岩石就是岩浆，岩浆冷凝后就形成岩浆岩。花岗岩和玄武岩是岩浆岩中的代表。岩浆岩一般比较坚硬。

岩石的循环

看起来岩石是永恒不变的，但是在亿万年的地质历史中岩石是在不断循环的。当岩石被侵蚀、搬运、沉积，或被地下高温熔化，抑或受热、受压，一种岩石就可能转变成另一种岩石。

岩石

岩石是地壳的主要组成物质，是由天然形成的矿物组合而成的。矿物是天然形成的固体单质和化合物，不同的矿物组合就形成了不同的岩石。岩石有无数种，但是只有三大类：岩浆岩、沉积岩和变质岩。每一大类岩石的成因不同，有各自的可识别的特征。

压力锅

猛犸用高压锅蒸煮岩石，但是让它失望的是高压锅的温度和压力与地下导致岩石变质的温度和压力相距甚远。

在压力下

形成变质岩需要高温和高压。在地下，因为构造运动施加的压力以及岩浆施加的热量，岩石可以在不熔化的情况下发生变质，转化成另一种岩石。大理岩是一种典型的变质岩，它是由石灰岩变质形成的。大部分变质岩十分坚硬，很多变质岩会有由不同矿物构成的条带。

沉积物的压实作用

沉积物由岩石和生物碎屑（例如介壳碎片）组成。沉积物在压力作用下被压实，最终形成沉积岩。一些沉积岩（如白垩土）十分松软易碎。

沉积岩层

沉积岩通常由不同颜色的单层构成，具有层理结构。

化石

当一个生物体死亡后，其遗体会腐烂并最终消失。但是在特殊环境下，其能够保存数十亿年。我们把这种保留在岩层中的古代生命的遗体或遗物称为化石。相对于曾经存在的生物数量，化石是稀有和珍贵的，它们能够帮助我们理解生活在地史时期的生命形态和地球曾经的环境状况。

化石是如何形成的？

化石的形成需要亿万年的时间。大部分化石就是我们熟悉的变成石头的骨架或外壳。化石的形成需要生物体死亡后，在腐烂或被其他动物吃掉之前迅速被泥沙掩埋。因为水环境有利于创造这样的条件，所以很多水生生物都形成了化石。

生物在水中死亡或死亡后掉入水中

一只暴龙陷入湖泊或沼泽中，其遗体沉入水底。肌肉等软组织部分开始腐烂，但是硬体被保留下来。

形成沉积岩层

随着时间的推移，其骨架被松散沉积物（泥沙）所掩埋。经过亿万年的漫长时光，骨骼和沉积物被压实，形成层状沉积岩。

化石化的骨架

当骨架被淹没后，水中溶解的矿物质充填了骨骼中的孔隙，并与骨骼物质发生交代作用，使得骨骼变成了石头。

暴露

千百万年后，在地壳运动下，深埋地下的化石被抬升到地表附近。风化作用使得含有化石的岩层被剥落，最终使得化石在地表暴露，被古生物学家发现并发掘。

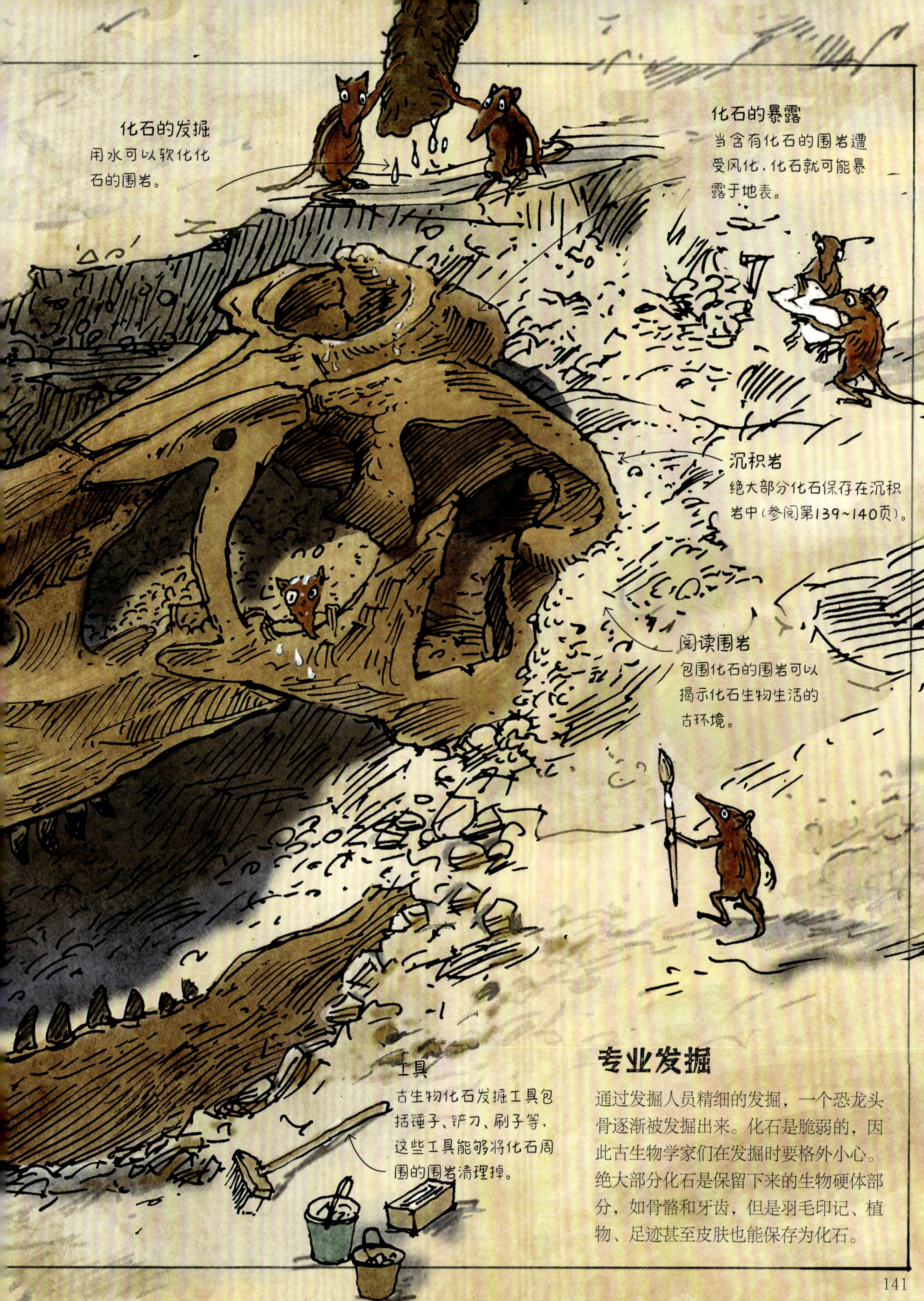

专业发掘

通过发掘人员精细的发掘，一个恐龙头骨逐渐被发掘出来。化石是脆弱的，因此古生物学家们在发掘时要格外小心。绝大部分化石是保留下来的生物硬体部分，如骨骼和牙齿，但是羽毛印记、植物、足迹甚至皮肤也能保存为化石。

水循环

地球上的水在海洋、空气、陆地地表和地下不断循环。地球上水的总量保持不变，只是从一个地点循环到另一个地点，从一种形式转化为另一种形式。这种不断循环利用的水意味着：当你从水龙头里喝水时，这些水和几千年前口渴的猛犸喝的水是一样的。

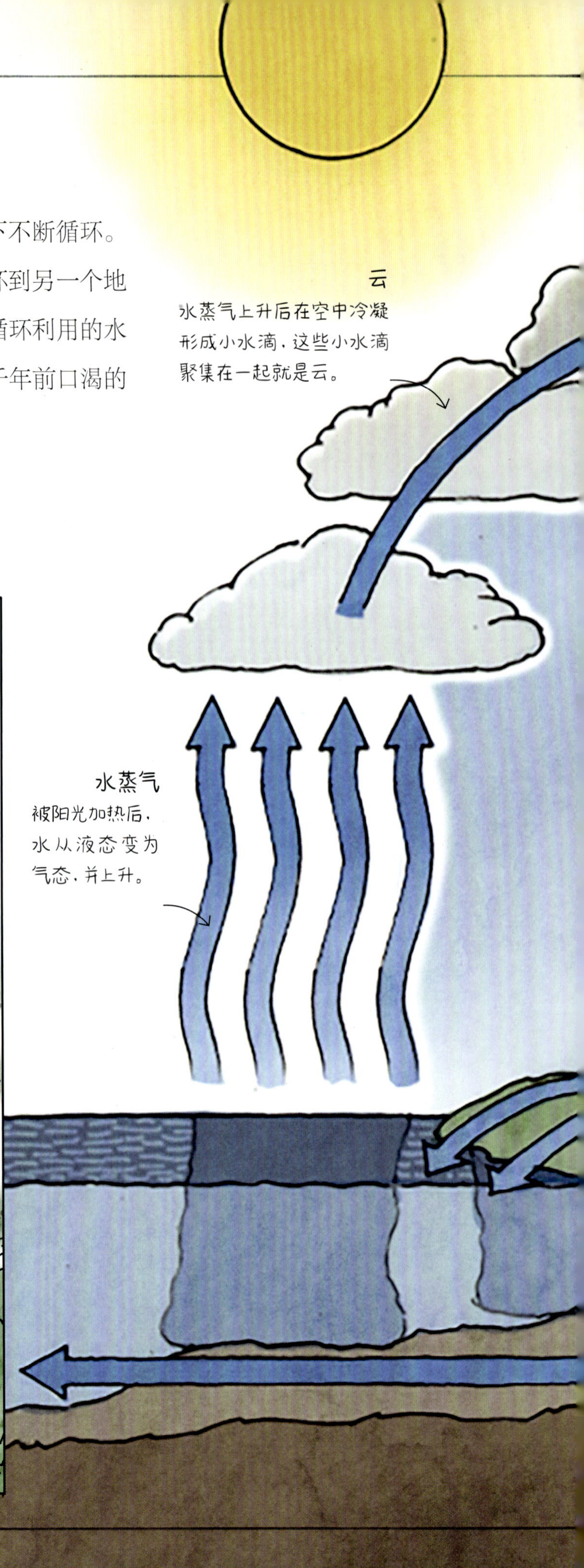

蒸腾作用

大气中的水蒸气主要来自海水的蒸发，也来自植物的蒸腾作用。植物根部吸收水分，然后水分从叶片以水蒸气的形式散发出去。水蒸气在空中凝结形成云。

水的相态变化

阳光照在液态水表面，使得其蒸发，形成水蒸气（参阅第10～11页）。当水蒸气上升在空中遇冷，就会发生凝结（由气态变为液态），形成云。云中的水以降水的形式返回陆地。对于一滴水来说，它从海洋蒸发后会经过几天到数万年不等的时间返回海洋。

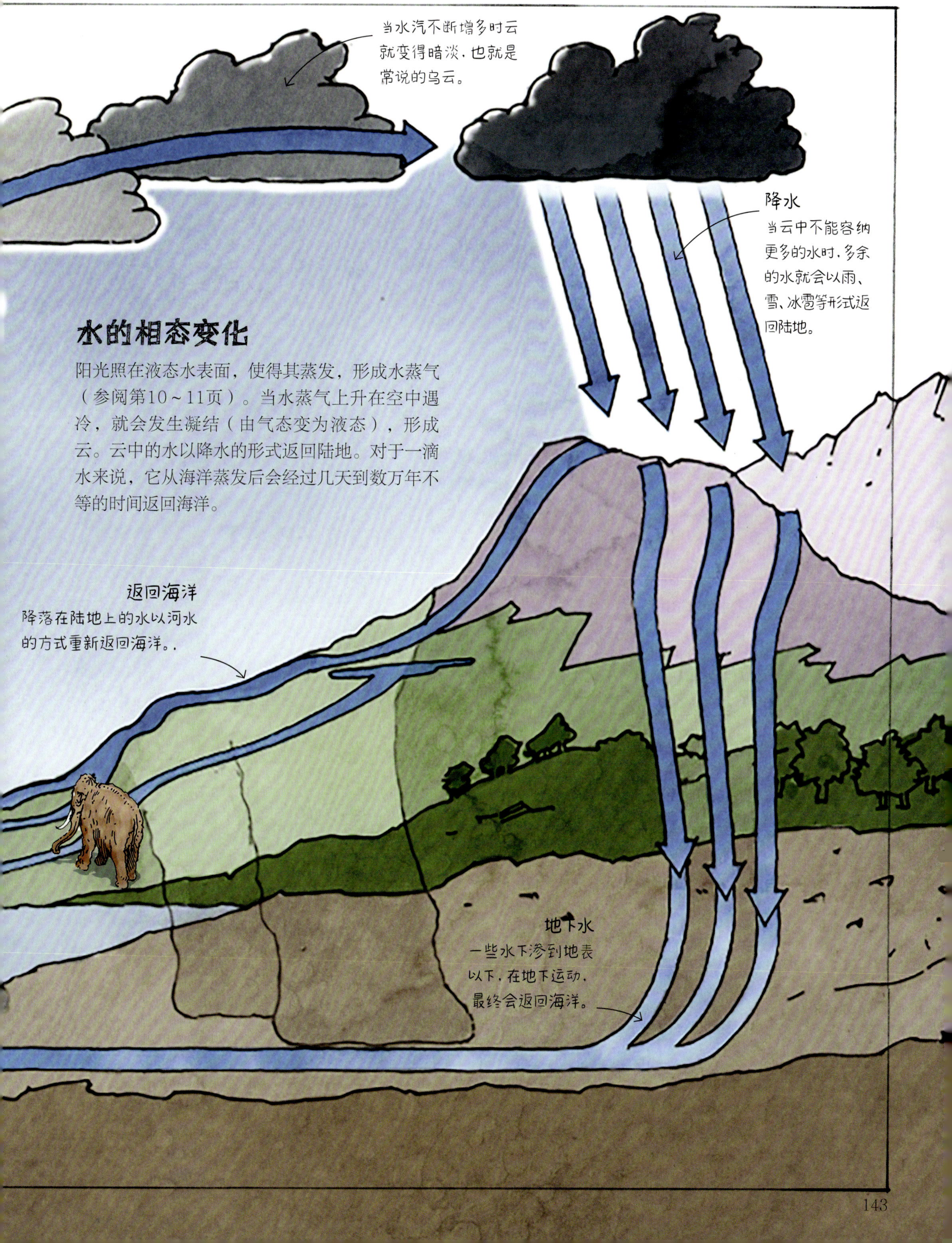

季节变换

在地球上的大部分地方，一年中有四季的轮回，也就是春、夏、秋、冬的交替。夏季天气炎热，白昼时间长；冬季天气寒冷，白昼时间短。之所以有四季的轮回，是因为地球的自转轴是倾斜的。地球的自转轴是一根假想的轴线，连接地球的南北两极。地轴的倾斜意味着一年中的不同时间，地球不同的部位直面太阳。

十二月

南半球向阳光倾斜，那里天气温暖，日照时间长。北半球因为阳光斜射处于冬季。

直射与斜射阳光

当地球的一个半球倾斜向太阳，其能够获得更多的阳光直射。当阳光从头顶直射下来时，单位面积获得阳光多，就感觉炎热。就像图中的手电筒和球的位置：当用手电筒直射球面时，被照射的部分很亮；但是当用手电筒斜射球面时，被照射的面积更大，但是光的强度减弱。

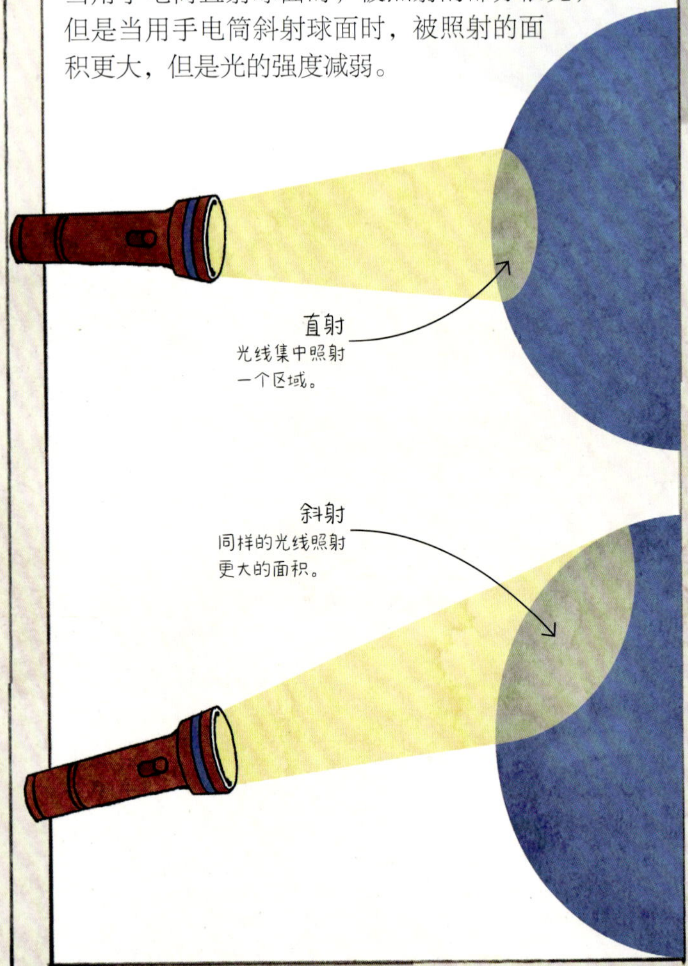

倾斜自转的地球

这两只猛犸在用巨大的地球仪演示为什么会出现四季的轮回。地球仪被一根倾斜的棍子从中心穿过，这根棍子代表地球的自转轴。由于自转轴的倾斜角度不变，因此在地球绕太阳公转时，地球的一个半球朝向太阳，而另一个半球则远离太阳。

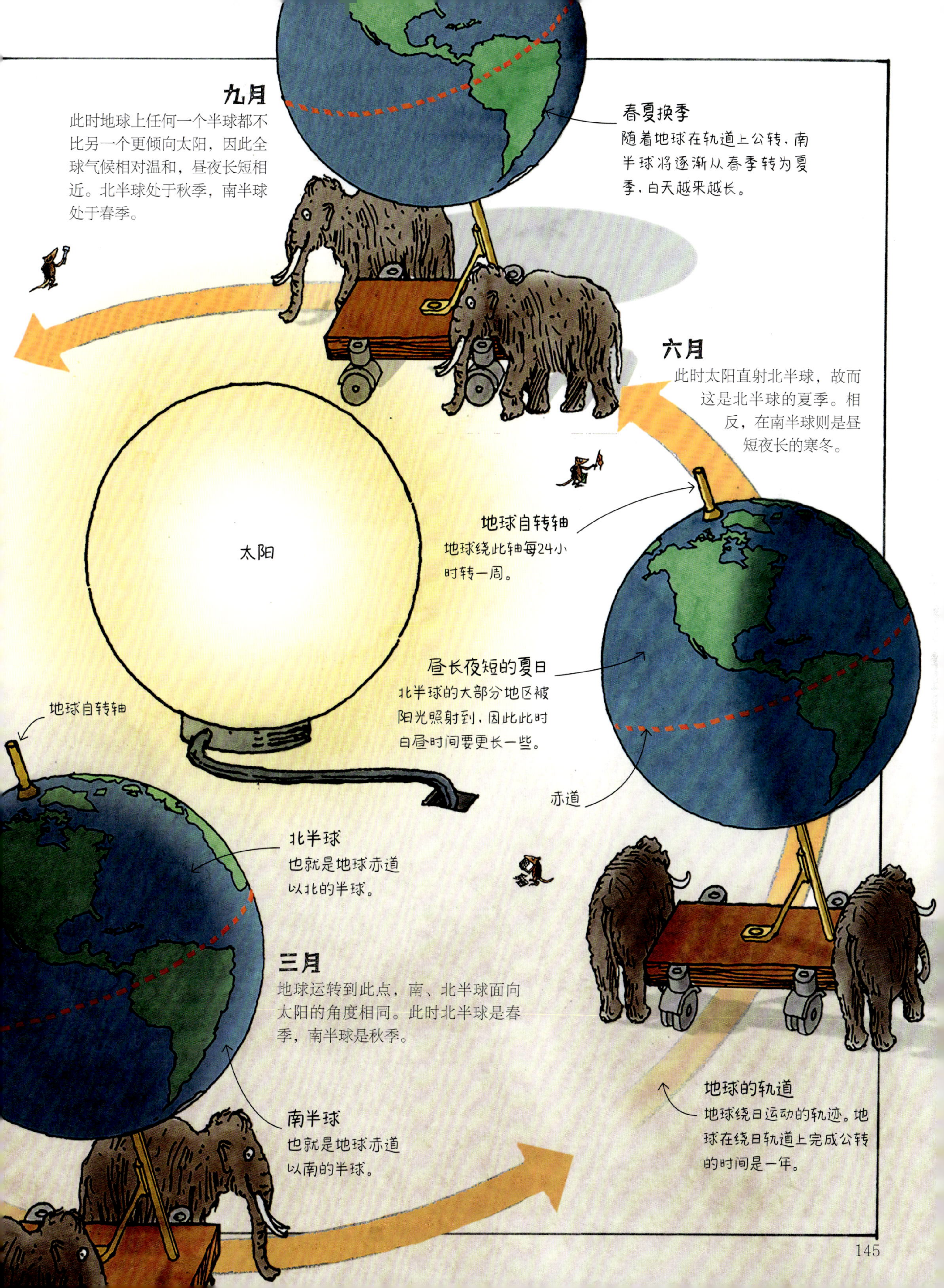
九月
此时地球上任何一个半球都不比另一个更倾向太阳，因此全球气候相对温和，昼夜长短相近。北半球处于秋季，南半球处于春季。
春夏换季
随着地球在轨道上公转，南半球将逐渐从春季转为夏季，白天越来越长。
六月
此时太阳直射北半球，故而这是北半球的夏季。相反，在南半球则是昼短夜长的寒冬。
太阳
地球自转轴
地球绕此轴每24小时转一周。
昼长夜短的夏日
北半球的大部分地区被阳光照射到，因此此时白昼时间要更长一些。
赤道
地球自转轴
北半球
也就是地球赤道以北的半球。
三月
地球运转到此点，南、北半球面向太阳的角度相同。此时北半球是春季，南半球是秋季。
南半球
也就是地球赤道以南的半球。
地球的轨道
地球绕日运动的轨迹。地球在绕日轨道上完成公转的时间是一年。

气候

我们每天都面临天气的变化——下雨、干热、晴天、阴天、刮风，等等。天气情况每天都在变化，但是特定地区大气的多年平均状况，则称为气候。气候受到很多因素的影响，包括海拔高度、距离海的远近、地形的起伏（是平原区还是山区）等，但影响最大的还是距离赤道的远近。

气候带

赤道是一个想象中的把地球平分为南北两个半球的大圆。赤道地区每年接受太阳直射的时间最长，因此是全球温度最高的热带地区。极地地区距离赤道最远，接收到的太阳辐射最少，是全球最冷的寒带地区。与寒带相邻的是温带。在温带和热带之间的是亚热带。

温带

温带地区四季分明，每个季节都有特定的气候特征，总体而言夏季炎热，冬季寒冷，春、秋季节温和。温带的部分区域湿润，但也有部分地区（如地中海地区）干旱。

热带

赤道及周围的区域（南、北回归线之间）全年炎热，一些地区全年多雨，另一些地区则分成干湿两季。气候的暖热湿润意味着大量的热带雨林可以在这个区域生长，例如巴西的亚马孙雨林。

亚热带

在热带和温带之间的区域夏季湿热，冬季温和多雨，温度很少降到冰点以下。但是也有部分地区降水稀少，是全球沙漠的主要分布区。

寒带（极地地区）

寒带全年寒冷干燥。虽然大部分地区被冰雪覆盖，但是全年的降水量很小。寒带地区生存条件恶劣，但猛犸们的感觉却像回到家乡一样。

温室效应

就像玻璃花房通过吸收热量并防止热量散失，保持植物生长需要的温暖环境，地球的温室效应就是吸收太阳辐射保持空气的温度，防止辐射完全返回宇宙空间。没有温室效应，地球表面就无法支持生物的生存。

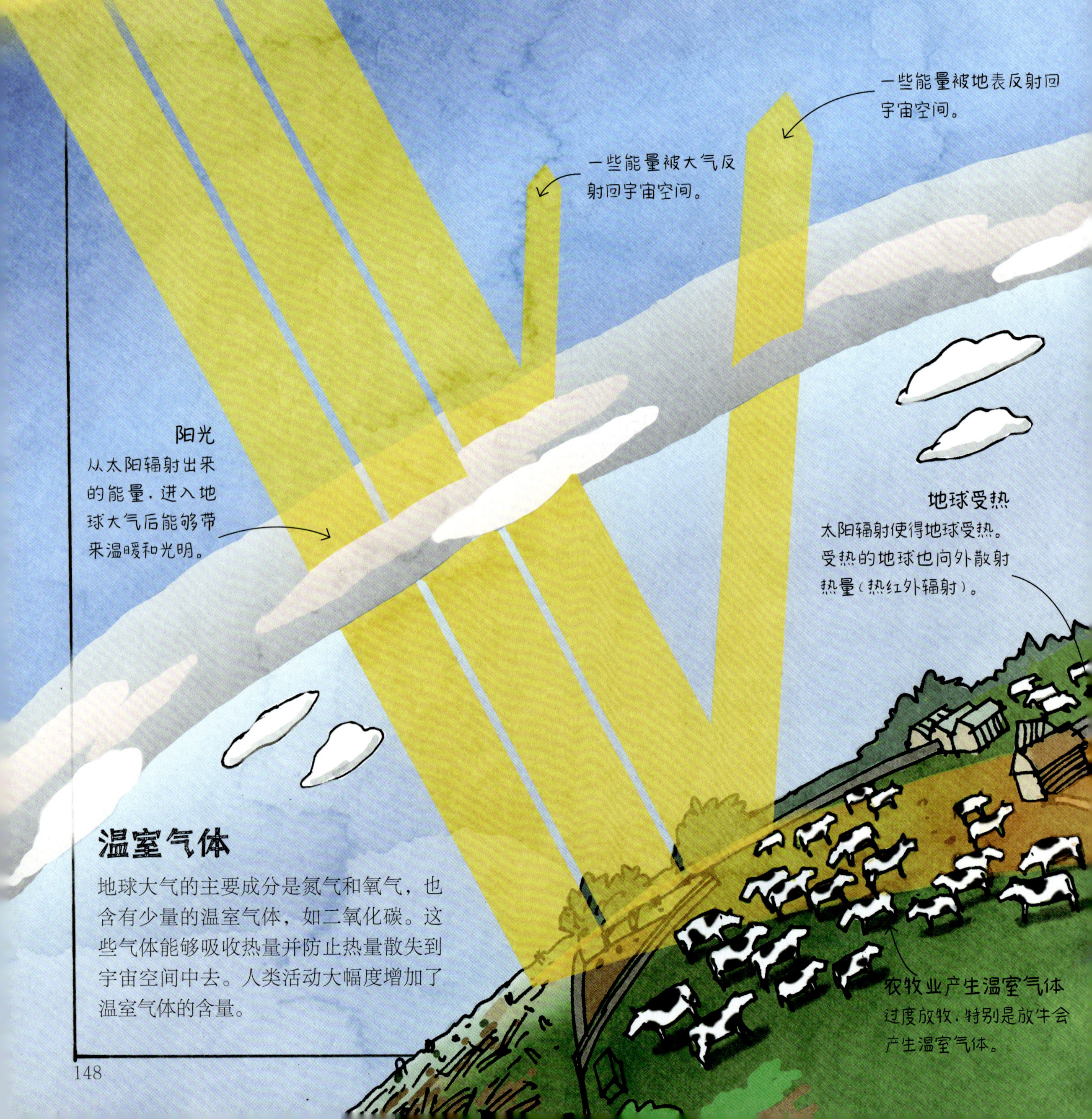

温室气体

地球大气的主要成分是氮气和氧气，也含有少量的温室气体，如二氧化碳。这些气体能够吸收热量并防止热量散失到宇宙空间中去。人类活动大幅度增加了温室气体的含量。

气候变化

温室效应是一个自然过程，而且对于地球上的生命是必要的。但是燃烧化石燃料（例如煤炭、石油、天然气）会增加大气中温室气体的含量，这就导致温室效应加重，使得地球大气吸收了更多的热量，全球气候变暖。全球变暖会带来灾难性的后果。

月球

月球是地球的永恒伴侣。它离地球相当近，我们肉眼就能看到它的大体面貌。在夜空中它十分明亮，但是它自己不会发光，而是反射太阳光。和地球不同，月球上没有生命，也没有支持生命生存的水和空气。

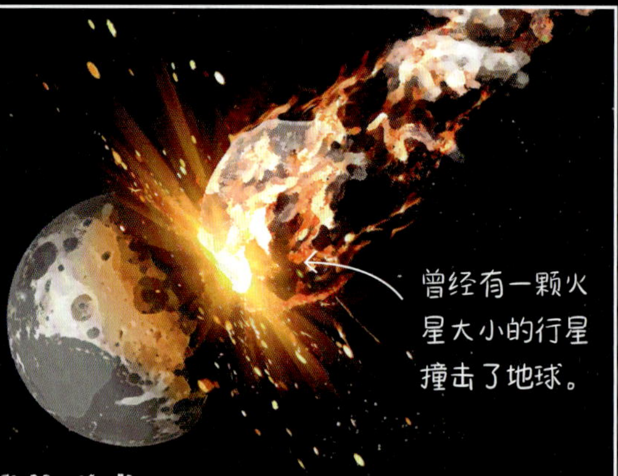

月球的形成

月球形成于大约45亿年前。目前关于其形成的原因还没有确切的结论，有科学家认为是一颗火星大小的行星撞击了地球，产生的碎片围绕在地球轨道周围又逐渐聚合形成一颗新的星球——月球。

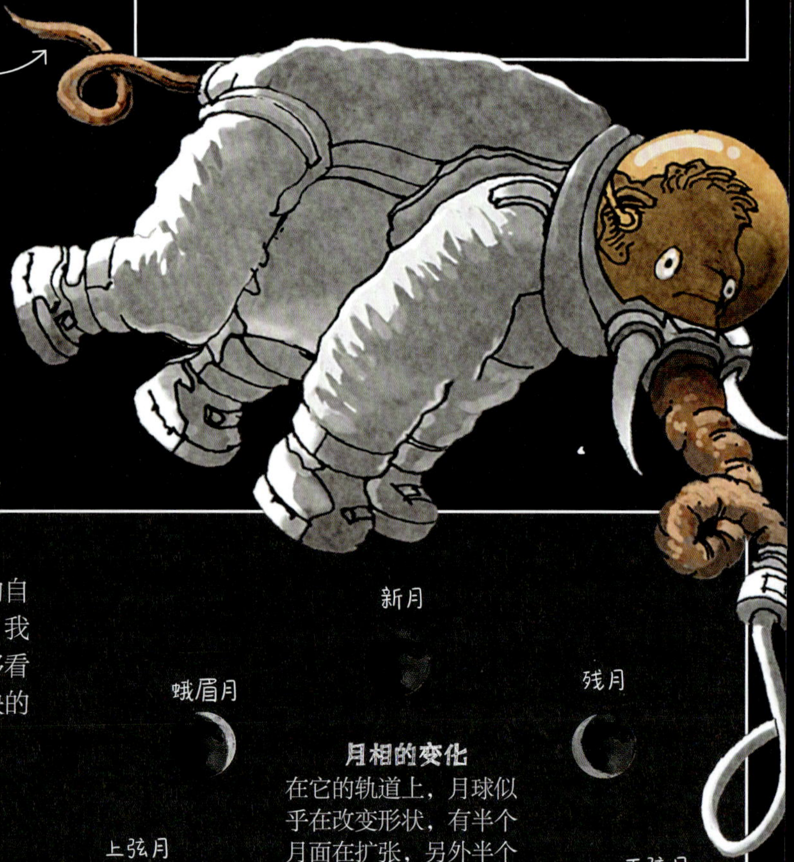

月球表面

这个4条腿的太空探险家能够仔细观察月球表面，其上布满了岩石和陨石坑。月面上大部分陨石坑形成于几十亿年前，那个时期大量小天体撞击着年轻的月球。最大规模的撞击产生了巨大的火山口，熔岩从月球内部沿着火山口喷出。熔岩冷却并凝固，形成了巨大的、黑暗的平原，这就是月海。

月球的运动

月球绕地球公转，也绕其自身的轴进行自转。月球的自转和公转的周期相同，所以月球只有一面朝向地球，我们永远无法在地球上看到月亮背面。但是，我们能够看到月球被太阳照射的面积发生大小变化，也就是圆缺的变化，天文学上这称为月相。

月球的正面

这是月球朝向地球的一面。相对背面，正面有更多的月海和较少的陨石坑。

月球的背面

这是月球背向地球的一面，我们不熟悉。背面的陨石坑多于正面。

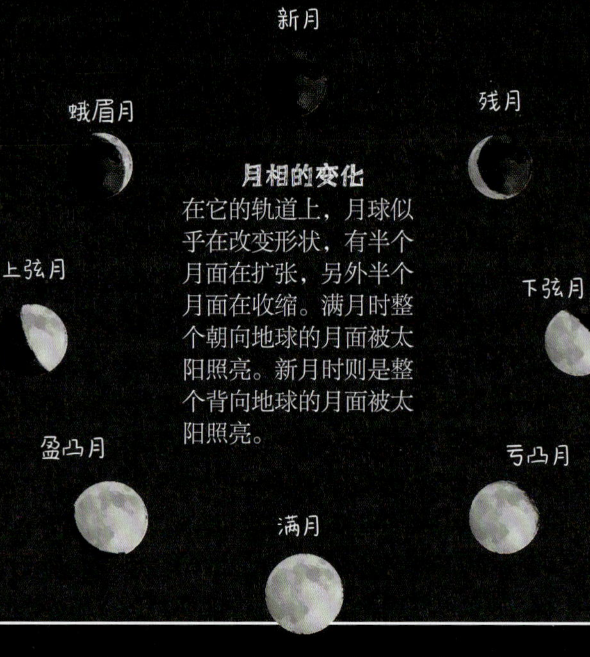

月相的变化

在它的轨道上，月球似乎在改变形状，有半个月面在扩张，另外半个月面在收缩。满月时整个朝向地球的月面被太阳照亮。新月时则是整个背向地球的月面被太阳照亮。

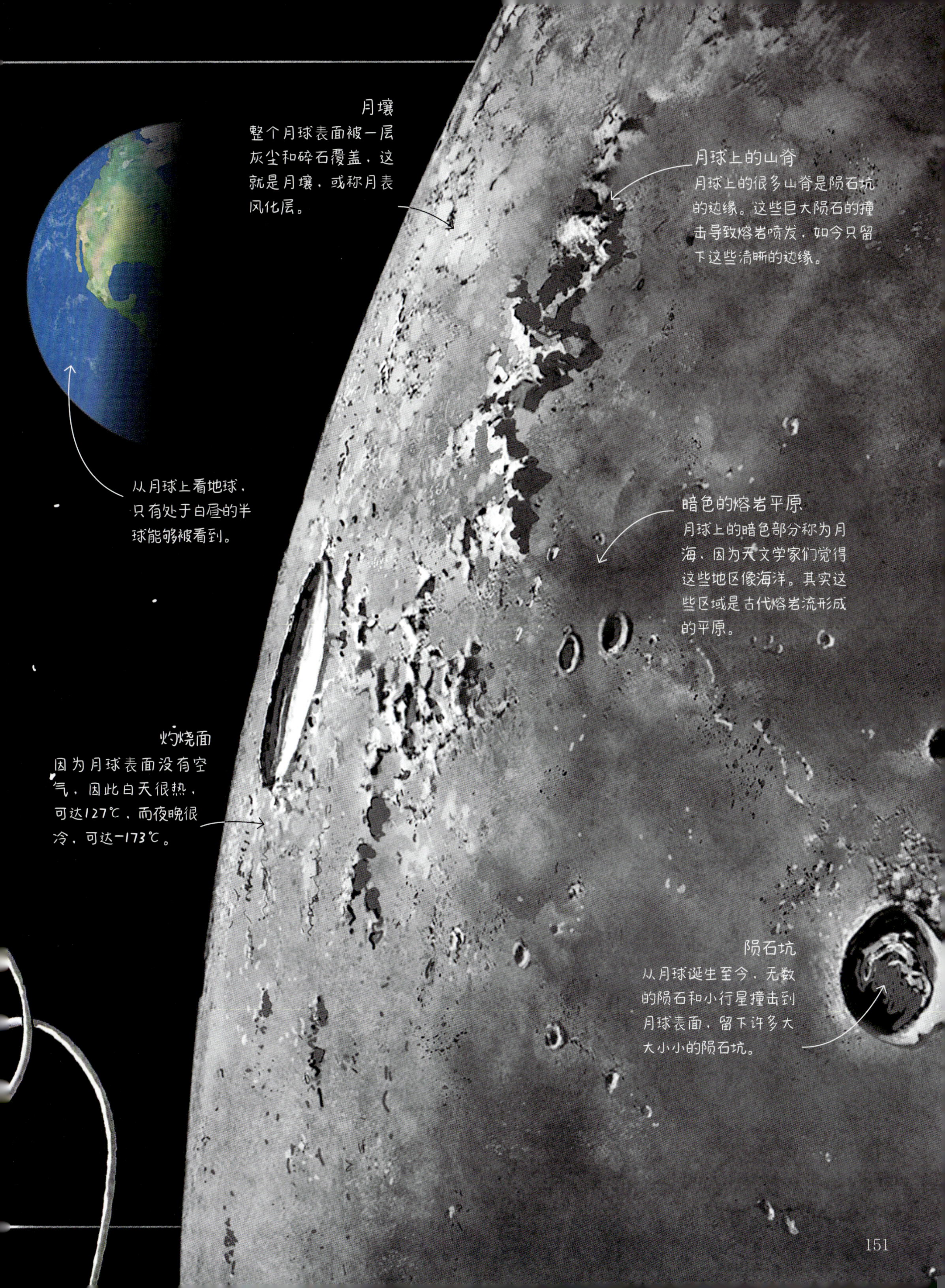
月壤
整个月球表面被一层灰尘和碎石覆盖，这就是月壤，或称月表风化层。
月球上的山脊
月球上的很多山脊是陨石坑的边缘。这些巨大陨石的撞击导致熔岩喷发，如今只留下这些清晰的边缘。
从月球上看地球，只有处于白昼的半球能够被看到。
暗色的熔岩平原
月球上的暗色部分称为月海，因为天文学家们觉得这些地区像海洋。其实这些区域是古代熔岩流形成的平原。
灼烧面
因为月球表面没有空气，因此白天很热，可达127℃，而夜晚很冷，可达-173℃。
陨石坑
从月球诞生至今，无数的陨石和小行星撞击到月球表面，留下许多大大小小的陨石坑。

太阳系

太阳系是地球和周围星球组成的一个天体系统。中心天体是太阳，太阳凭借其巨大的引力维持着这个天体系统的运转。围绕太阳运行着8颗大行星、几颗矮行星，以及众多的小行星和彗星等。猛犸绘制的这个太阳系模型只是展示了其中的主要成员，并没有按照距离严格排列，因为这页书上画不下。

行星

4颗靠近太阳的相对较小的大行星——水星、金星、地球和火星，是一个相对小的岩石世界。外侧的4颗大行星——木星、土星、天王星和海王星是气态的巨型行星，由氢和氦组成。

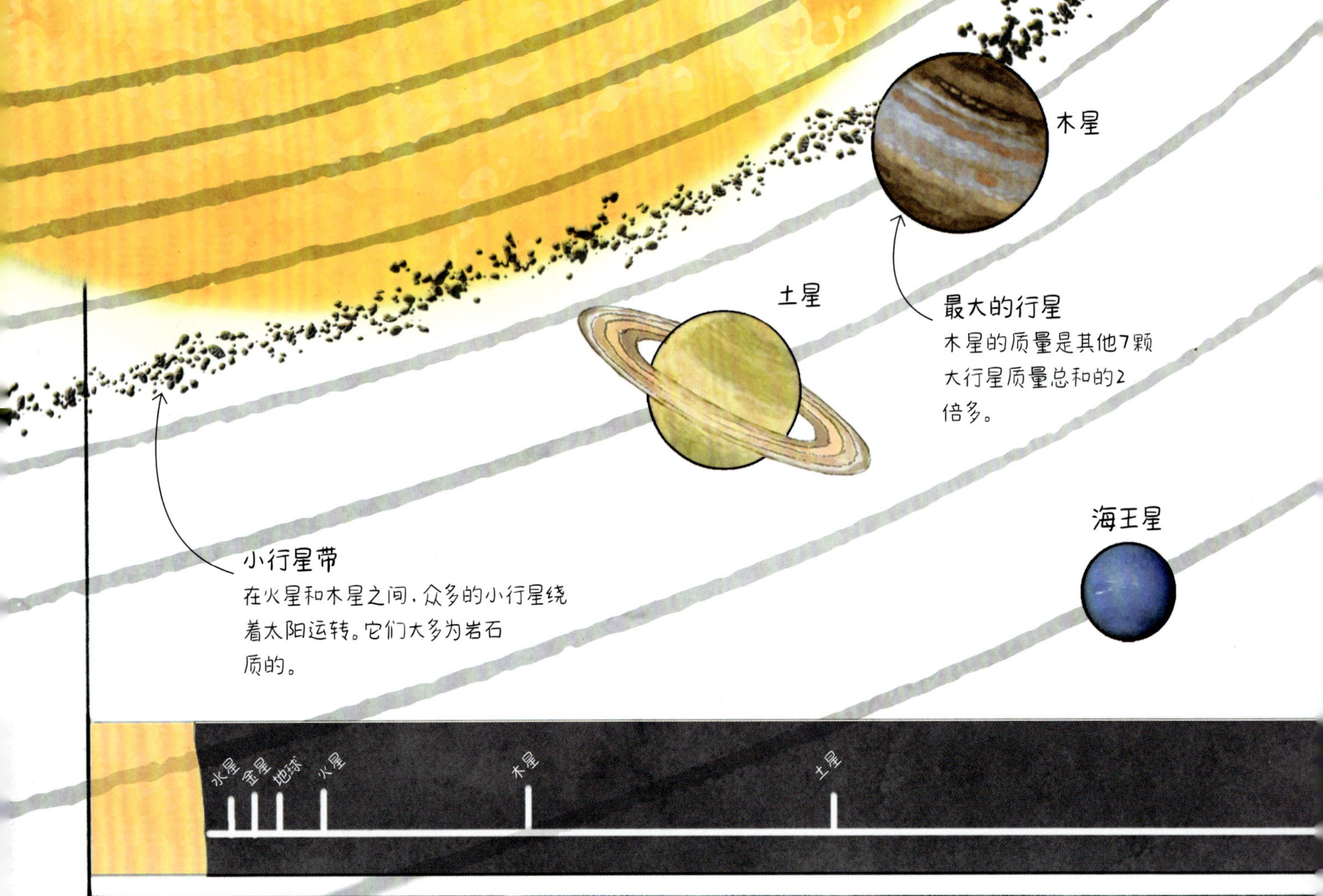

太阳系的小成员

除了大行星外，还有成千上万的小天体围绕太阳运行。大部分分布在太阳系的外围，位于海王星轨道的外侧。

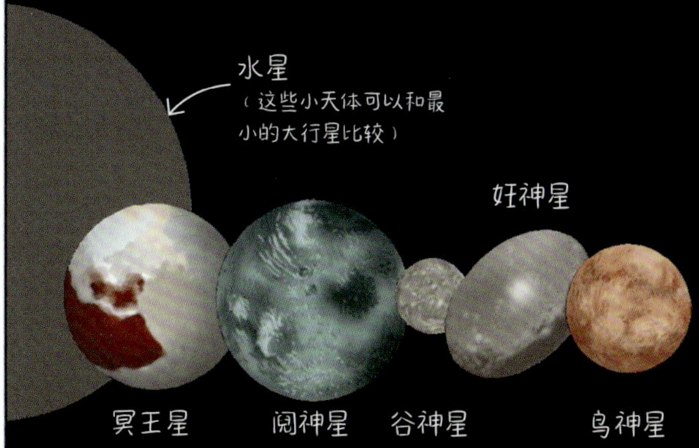

矮行星

这类行星大体为球体，但是其大小不足以使其跨入大行星行列，而它们又比众多的小行星大。阋神星是最大的矮行星，其直径也只是水星的一半。目前已经发现5颗矮行星，包括被降级的冥王星，未来会发现更多的矮行星。

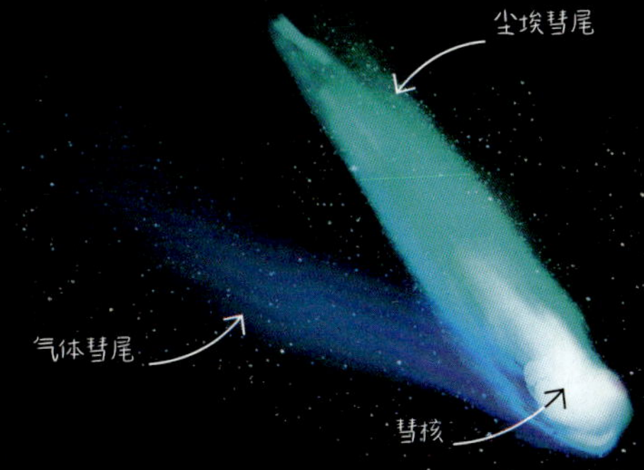

彗星的旅行

彗星是从太阳系外围进入太阳系的访客，有长而扁的轨道。当其运行到太阳附近时，其石质的核心和冰晶会发育出明亮的彗头，而背向太阳的一侧会形成由气体和尘埃组成的彗尾。

几何级数般的遥远

各行星轨道间的距离不是相等的，行星距离太阳越远，与其相邻行星的距离也越远。地球轨道与太阳的距离为1.496亿千米，而海王星轨道与太阳的距离是地球与太阳轨道距离的30倍。

天王星

海王星

星系

星系是由万有引力联系在一起的众多星体、气体及尘埃组成的系统。星系的形态和大小不尽相同，但是可以分为4种类型：旋涡星系、棒旋星系、椭圆星系，以及不规则星系。天文学家估计宇宙中有数百亿个星系。

旋涡星系

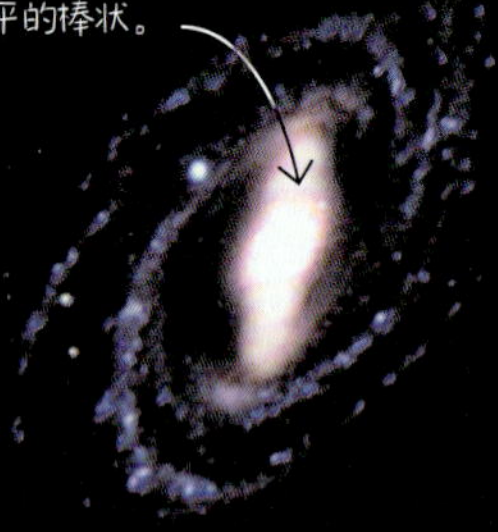

棒旋星系

椭圆星系

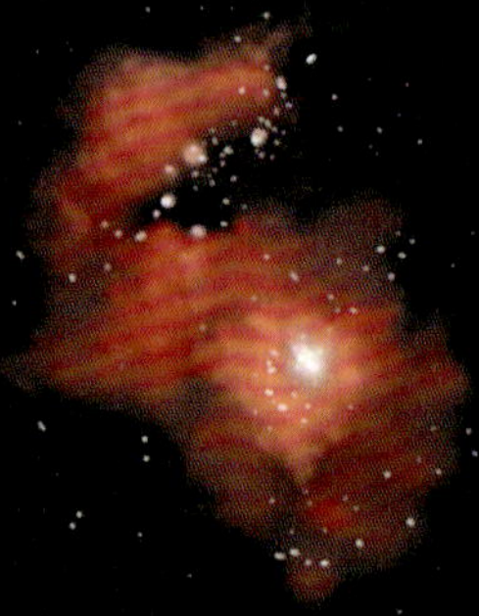

不规则星系

黑洞

天文学家认为星系中心是一个巨大的黑洞。黑洞是巨大的物质被引力压缩形成的天体。黑洞有巨大的引力，任何物质，包括可见光都不能逃出其引力的魔爪。

银河系

我们的太阳系所在的更大的天体系统就是银河系。我们在夜空中看到的绝大部分星星都是银河系的天体。从地球上看银河系，我们不可能看到其全貌。但是如果能从图上这个毛茸茸的太空旅行者的视角看，你会发现银河系是一个巨大的旋涡。

太空中的巨大旋涡

银河系是一个巨大的棒旋星系，有4条旋臂、数千亿颗恒星，以及大量气体和尘埃。银河系的所有天体都围绕着中心的巨大黑洞运动，所以银河系处于旋转之中。银河系是巨大的，太阳系需要用2.4～2.5亿年时间才能绕转银河一周。按照太阳的绕转速度，即便从银河的一端直线运动到另一端，也需要数百万年的时间。

银河的旋臂
每条银河旋臂都有数十亿颗恒星，还有大量的气体和尘埃云。
你在这里
我们的太阳系处于银河系的猎户座旋臂上，大约在银河系边缘到中心一半的位置。
寻找仙女星系
这只有开创性的厚皮动物要去银河系的邻居——仙女星系看看。

术语表

凹面
物体向内弯曲的表面。

波长
波相邻两个波峰之间的距离。

哺乳动物
一种温血动物，雌性可以分泌母乳并喂养幼仔。

沉淀物
由少量风化岩石、矿物质和有机物组成的混合物。

赤道
划分南、北半球的一个假想的圆，也是基准纬线。

传导
固体之间的热或电传递。

大气
行星周围的气体层。

蛋白质
生物用于形成组织的一种物质。

导体
传导热或电迅捷且容易的材料，例如金属。

地壳构造板块
漂浮在地幔表面并构成地壳的巨大板块。

地轴
地球自转所围绕的虚拟倾斜轴线。

电
一种通过带电粒子流传递能量的方式。

电磁频谱
电磁辐射的波长和频率范围。

电子
原子中发现的一种带负电荷的微小粒子。

对流
液体或气体中的热传递方式。

发芽
种子开始萌芽并长成植物的阶段。

反射
光在一个物体表面反弹并朝另一个方向传播的现象。

分解者
可以分解腐烂物质并将其转化为土壤营养的生物。

分子
由两个或更多原子键合而成。

风化
岩石在一段时间内被风、雨或冰侵蚀的现象。

浮力
流体（液体和气体）施加给浸入其中的物体的向上的力。

辐射
以波的形式传播的能量。

固态
一种物质状态，固态物质的粒子紧密堆积，因此可以保持自身的形状。

光
人类肉眼唯一可见的电磁频谱，可见光谱由不同颜色的光波组成。

光合作用
植物等生物利用二氧化碳、水和阳光所携带的能量制造食物的一种化学反应。

轨道
某物体受引力作用环绕另一物体运动的路径。

核
细胞核是细胞的控制中心，细胞的DNA位于其中。原子核位于原子的中心，由质子和中子组成。

红外线
波长大于可见光的辐射，人体能够以热的形式感受到红外线。

呼吸
活细胞利用氧气和食物获取能量的过程。

花
植物的生殖器官。

花粉
花产生的微小粒子，其中包含植物的雄性细胞。

花蜜
花产生的一种含糖溶液，可以吸引动物前来帮助授粉。

化合物
由两种或更多不同元素原子构成的化学物质。

混合物
超过一种物质或材料的组合物。

剑齿虎
一种已灭绝的大型猫科动物，具有长而弯曲的犬齿。

进化
自然选择等因素引发的生物特征世代变化。

精子细胞
雄性性细胞。精子细胞为雌性卵细胞授精可以形成受精卵，进而发育成新的生物个体。

绝缘体
包括塑料等材料在内，绝缘体是热或电的不良导体。

抗体
免疫系统产生的化学物质，可以定位并标记要破坏的细菌和病毒。

可见光谱
请参见光。

冷凝
气体变成液体的现象。

力
物体受到的推或拉的作用。

粒子
十分微小的物质。

流体
液体或气体。

卵细胞
雌性性细胞。

毛细血管
身体内最细的血管，可以与身体细胞交换血液细胞。

猛犸
一种在大约4000年前灭绝的史前哺乳动物，是亚洲象的近亲。

密度
物质单位体积的质量。

免疫
身体预防某些细菌或病毒及其引发的疾病的能力。

摩擦力
两个物体相互摩擦产生的力。

能量
所有的状态变化都伴随着能量的转移。能量能够以不同的方式存储和传递。

排量
放入液体时，物体会排开一定量的液体，以获得空间。排开的液体体积等于物体没入水中的体积。

排泄
生物身体清理活细胞所产生废物的过程。

气态
物质粒子散布并充满容器的一种物质状态。

侵蚀
风、水和冰带走风化岩石和沉积物的过程。

染色体
细胞核中包含DNA的线状结构。

神经元
神经细胞。

生产者
能够利用光合作用制造食物并为其他动物提供食物的生物。

生物
有生命的物体。

受精
雌、雄性细胞结合并形成受精卵的行为。

水蒸气
气态的水，也称为蒸汽。

速度
物体移动的速率和方向。

体积
物体占用的空间。

凸面
凸出的物体表面。

脱氧核糖核酸/DNA
生物细胞中发现的一种分子，其中包含了生命指令。

温室气体
大气中包含的可以吸收太阳光所含热量的气体，包括二氧化碳和甲烷。

物质
构成宇宙万物的“材料”。

物种
一组彼此相似并且可以生产后代的生物。

细胞
形成生物体的最小单位。

细菌
单细胞形式的简单微生物，有些属于致病菌。

显微镜
一种能够放大物体的仪器，可以帮助我们观察肉眼看不见的微小物体。

象鼩
一种小型啮齿类动物，长有长吻。

消费者
以植物或其他动物为食的动物。

消化
身体分解食物和吸收营养的过程。

小行星
太空中的岩石。

虚像
观看镜面或通过透镜观察时，由视觉光源而非实际光源形成的图像。

压力
发生在两个物体接触表面的作用力，或因为流体（液体或气体）粒子撞击表面产生的力。

压强
特定区域受力的大小。

岩浆
深藏地下的熔岩。

叶绿素
绿色植物用于捕获阳光所含能量的物质。

叶绿体
植物细胞中的一种微小结构，其中含叶绿素，也是植物进行光合作用的场所。

液体
一种物质状态，粒子松散堆积并且很容易相对滑动。液体可以流动并适应容器的形状。

引力
两个物体之间的吸引力。

营养物质
细胞生长和修复所需要的化学物质。

元素
无法进一步分解的纯物质。

原子
元素的最小单位，包含质子、中子和电子。

折射
光从一种物质传播到另一种物质时发生弯曲的现象。

蒸发
液体变成气体的现象。

质量
物体包含的物质数量。

质子
原子核中发现的带正电的粒子。

中子
原子核内不带电荷的粒子。

种子
植物的一部分，包含可以生长为新植物的部分及帮助种子生长的物质。

自然选择
自然界对生物的选择作用，即适者生存、不适者淘汰的过程：具有更适宜生存特征的生物得以生存并传递其基因。

阻力
物体在液体或气体中移动时受到的一种力，这种力会降低物体的速度。

祖先
拥有近代动物或植物后代的某种（古代）动物或植物。

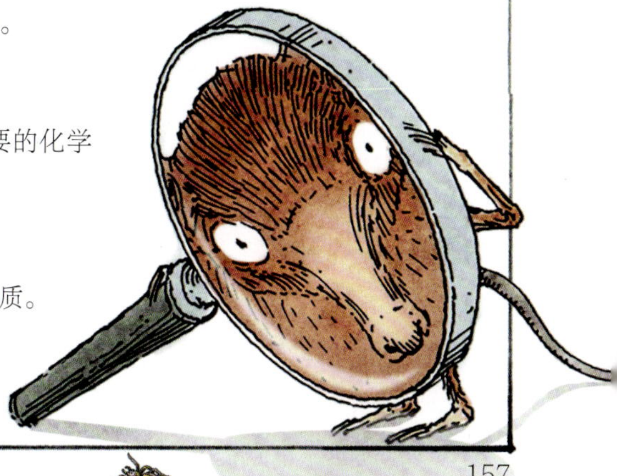

致谢

张铁锐，中国科学院理化技术研究所研究员，博导，负责审阅本书“物质”部分。

柳小庆，中国农业科学院生物技术研究所副研究员，负责审阅本书“生物”部分。

魏红祥，中国科学院物理研究所研究员、中国物理学会科普工作委员会主任，负责审阅本书“能量”和“力”部分。

尹超，中国地质博物馆高级工程师，负责审阅本书“地球与太空”部分。